高等职业教育理实一体化系列教材·汽车类

汽车整车结构认知

（第 2 版）

主　编　祝政杰　　鲁言超　　王秋梅
副主编　赵玉田　　高振传　　滕文祥
参　编　陈双双　　刘金凤　　曲春红　　房宏威
　　　　张劲松　　魏　丽　　高海文　　王慧勇
主　审　李臣华

北京理工大学出版社
BEIJING INSTITUTE OF TECHNOLOGY PRESS

图书在版编目（CIP）数据

汽车整车结构认知/祝政杰，鲁言超，王秋梅主编. —2 版. —北京：北京理工大学出版社，2020.10（2025.7 重印）

ISBN 978 – 7 – 5682 – 9127 – 9

Ⅰ.①汽⋯　Ⅱ.①祝⋯ ②鲁⋯ ③王⋯　Ⅲ.①汽车 – 结构 – 高等学校 – 教材　Ⅳ.①U463

中国版本图书馆 CIP 数据核字（2020）第 192666 号

出版发行 / 北京理工大学出版社有限责任公司

社　　址 / 北京市海淀区中关村南大街 5 号

邮　　编 / 100081

电　　话 / （010）68914775（总编室）

　　　　　　（010）82562903（教材售后服务热线）

　　　　　　（010）68948351（其他图书服务热线）

网　　址 / http：//www. bitpress. com. cn

经　　销 / 全国各地新华书店

印　　刷 / 北京虎彩文化传播有限公司

开　　本 / 787 毫米 × 1092 毫米　1/16

印　　张 / 13

字　　数 / 300 千字

版　　次 / 2020 年 10 月第 2 版　2025 年 7 月第 4 次印刷

定　　价 / 49.00 元

责任编辑 / 多海鹏

文案编辑 / 多海鹏

责任校对 / 周瑞红

责任印制 / 李志强

前言

　　"汽车整车结构认知"是汽车类专业的一门实践性很强的专业基础课。本教材的编写内容符合国家专业教学标准，实用性强，融入了高等职业院校汽车类专业一体化改革的成果，结合了当前汽车行业的实际情况，具有较强的针对性。本教材较好地贯彻了素质教育的思想，力求体现以人为本的现代理念，并结合学生创新能力的培养、职业道德方面的要求，设计教学目标和组织教学内容。

　　本教材中的学习项目均与 1 + X 职业技能等级考核证书制度的模块相对接，把 1 + X 职业技能等级考核的标准和要求融入到了教材的学习项目中。学习项目的设置遵循分析与检查、方案制定、方案实施、完工检验、成果展示与交流的形式，引导学生形成企业工作的逻辑思路，增进对汽车维修的认知。这些学习项目中所使用的工单将学习与工作紧密结合，通过课程学习实现学习为宗旨，促进学习过程的系统化，使教学内容更贴近企业生产实际。

　　《汽车整车结构认知》教材的工单的设计，是源于校企合作企业的典型工作任务中的工作流程。通过校企合作企业的一线维修案例，体系化的问题引导，指导学生在完整的行动中进行理论实践一体化的学习，并在培养学生专业能力的同时，帮助学生学习企业的工作过程，促进学生综合能力和综合素质的提高，实现工学一体化教学目标。

　　本教材中通过超星学习通 APP（http：//mooc1. chaoxing. com/course/215433535. html）等网络线上教学模式，与线下的实际教学相结合，对学生实操过程的进行指导，并将工作过程的关键步骤具体标明。从初步制订工作计划，大致确定所需的工作用具及维修资料，直到整个工作任务的所有操作与分析诊断环节，线下皆有体现。在学习过程中，学生记录、填写的所有内容都应该是从线下实际操作中获取的数据、相关诊断分析思路及其总结。线上有自我总结、小组的相互点评，评价方式说写结合，评价形式多样，全面考查学生的综合能力。课后的评价也可以在线上表现出来，让学生总结自己在完成本工作任务之后获得了哪些收获、掌握了哪些技能、有哪些体会及经验教训、是否达到了预先制定的工作目标。线上线下教学模式相结合，可以让学生养成良好的学习习惯，有利于锻炼和提高学生的职业能力水平。

《汽车整车结构认知》以项目教学为主线，以基于工作过程和工作活动为目标的行动导向典型任务学习方法进行课程设计，整个学习领域由七个学习项目组成，分别是汽车初步认知、汽车维修安全作业、汽车常用工量具和设备的使用、汽车发动机系统认知、汽车底盘系统认知、汽车电气系统的认知、汽车车身结构的认知。

本教材学校与企业共同编写，由烟台汽车工程职业学院祝政杰、鲁言超、王秋梅任主编，赵玉田、高振传、滕文祥任副主编，参与本教材编写的人员还有陈双双等老师和来自相关企业的王慧勇高级工程师。编写分工如下：祝政杰、张劲松负责项目一，鲁言超、滕文祥负责项目二，刘金凤、房宏威负责项目三，高振传、曲春红负责项目四，王秋梅、魏丽负责项目五，祝政杰、高海文负责项目六，赵玉田、王慧勇负责项目七，李臣华负责全教材内容的整合修改与审查工作。

由于编者能力和水平有限，教材中难免存在不妥乃至错误之处，敬请广大读者提出宝贵意见，在此深表感谢。

编　者

目录

项目一

汽车初步认知

概述

作为交通工具，汽车具有广泛的普遍性和高度的灵活性。汽车是重要的交通工具之一，承担着十分广泛的运输任务，而且其运输地位居各种交通工具之首。汽车是数量最多、最普及的交通工具，也是最灵活方便的交通工具之一。本章将介绍汽车的发展史，西方国家、日本和中国汽车的企业，汽车的组成、类型和基本参数。

学习要求

知识目标	能力目标	权重
1. 了解汽车发展史； 2. 了解国内外知名的汽车企业； 3. 掌握汽车的组成部分； 4. 了解汽车类型； 5. 掌握车辆识别代码的组成及含义	1. 能识别常见车标； 2. 能对汽车进行分类； 3. 能正确说出汽车的结构组成； 4. 能正确识别 VIN 码的位置与意义	20% 20% 30% 30%

任务一　汽车的发展史

一、世界汽车的发展

（一）前汽车时代

人类使用汽车已有 4 000 多年的历史。在漫长的历史岁月中，车辆一直是由人力或畜力驱动，直至 18 世纪发明了动力机械后，才出现了机动车。

1765 年，英国瓦特发明的蒸汽机迅速推广，揭开了工业革命的篇章。1769 年，法国炮兵工程师尼古拉蒂·古诺把蒸汽机装在一辆木质的三轮车上，制成了最早的机动车，这也是最早的机动交通工具，成为古代交通运输与近代交通运输的分水岭。

蒸汽机是外燃机，燃料在气缸之外燃烧，热效率很低，并且蒸汽车辆庞大、笨重，操纵不灵活，安全性差。1809 年，法国人菲利普·勒本提出了以煤气为燃料的内燃机的工作循环原理。1860 年，埃蒂内·列诺尔制成了煤气机并批量生产，使内燃机商品化。

1866 年，德国工程师尼古拉斯·奥托制造出往复活塞式四冲程内燃机，并为现代汽车内燃机发展奠定了四冲程工作循环的理论基础。当时的四冲程内燃机的热效率为 12% ~ 14%，之后人们放弃了热效率只有 3% 左右的煤气机而使用奥托内燃机。

（二）汽车登上历史舞台

18 世纪，真正的汽车诞生了。1885 年，卡尔·奔驰设计制造了一个单缸四冲程内燃机和一辆三轮汽车，并在 1886 年获得了专利。1886 年，德国工程师哥特里布·戴维斯将自制的单缸四冲程内燃机装在一辆改装的马车上，也制成了汽车。奔驰和戴维斯随后共同创办了自己的公司，开始小规模地批量生产内燃机汽车。他们二人首先把汽车与工业生产联系在一起，并把汽车推向了历史舞台，这具有划时代意义。

从那时起，汽车迅速跃升为道路的主角，很快便淘汰了马车。

二、西方的汽车发展

视频 1-1　汽车的发展历史

汽油内燃机以其功率的不断提高、轻巧等优点脱颖而出，很快成了汽车的主要动力，随后一大批汽车生产厂在欧洲崛起，标致、欧宝、雪铁龙等品牌先后涌现。

汽车虽然诞生于欧洲，但由于欧洲在第一次世界大战遭受了重大破坏，故美国依靠其自然条件以及宽松的政策迅速崛起并超过了欧洲。此后数十年，美国的汽车工业一直遥遥领先，雄踞榜首。

　　亨利·福特于1903年创立了福特汽车公司。1908年，福特推出了著名的T型车，并于1913年在汽车行业率先采用流水生产线大批生产，使这种车型产量迅速上升、成本大幅下降，促使汽车这种只有少数人才能享用的奢侈品变为普及千家万户的经济实惠的产品。20年间T型车共生产了1 500万辆，具有极大的社会影响力，福特亦被称为"汽车大王"。

　　1908年，威廉·杜兰特以戴维·别克的公司为基础，组建了通用汽车公司，合伙人包括兰森·奥兹、亨利·雷兰德以及后来的路易斯·雪佛兰等先驱者。通用汽车公司还在1925年和1929年先后兼并了英国的沃克斯科尔汽车公司和德国的欧宝公司。1923—1956年，杰出的企业家销阿尔弗雷德·斯隆长期担任通用汽车公司的最高领导，推出了一系列重大改革措施，使该公司迅速成为世界最大的汽车企业。他提出了"分期付款、动态报废、年度车型更新、闭式车身"等促销措施，对美国汽车产业产生了深远影响。

　　沃尔特·克莱斯特原是通用汽车公司的高级职员，1920年接手濒临破产的麦克斯韦尔汽车公司，励精图治，使该公司起死回生。1925年，克莱斯勒汽车公司正式成立，合并了道奇、普利茅斯、地索多等汽车公司，发展成为美国第三大汽车公司。

　　大众汽车公司成立于1937年，当时的德国政府为了使人民都买得起轿车，下达了生产一种大众化轿车并建立工厂的指令，由费迪南德·保时捷博士主持设计，推出了著名的大众甲壳虫型轿车。1940年工厂建成投产，至1974年该厂换型生产高尔夫轿车时，甲壳虫轿车仍未停产，转至墨西哥继续生产，至1981年累计总产量超过2 000万辆，成为世界上生产时间最长和产量最多的车型。

　　从汽车开始大批生产至20世纪30年代末，被称为汽车技术发展的黄金时代。那时，汽车已成为社会生活中不可缺少的交通工具。由于汽车速度提高，道路建设亦渐趋完善，以及社会对汽车的大量需求，使汽车结构、性能与制造工艺的改进和各项研究蓬勃发展。

　　汽车在第二次世界大战中起到的作用是巨大的，差不多承担了战争的全部陆上运输任务，大大提高了部队的机动性和后勤供应能力。

　　第一次世界大战使欧洲和日本遭受巨大创伤，其汽车生产一落千丈，而没有遭受战火的美国则以其绝对优势填补了世界汽车市场的空白。1950年，美国汽车产量比英、苏、法、德、意、日6国的产量总和还多好几倍。由于社会经济的影响，欧洲汽车的设计思想开始与美国分道扬镳。当时欧洲社会经济处于恢复阶段，人民生活简朴，要求汽车尺寸紧凑实用；美国人民生活富裕，汽车设计追求宽松且气派。这样，世界汽车设计与造型风格就开始显现出欧洲和美国两大流派。

三、日本的汽车发展

　　日本的汽车工业在第二次世界大战前规模较小，尤其是在战争后期，其经济完全崩溃。1950 年美国发动朝鲜战争，日本成了其后方工厂，这给复苏中的日本注入了强心剂，得以喘息并站稳了脚跟。通过 10 年的恢复调整及 20 年的创业投资和高速发展，日本依靠引进国外先进技术和科学的经营管理方法取得成功，奇迹般地一跃成为经济大国。日本汽车亦在 1961 年、1964 年、1967 年分别超过英、法、德等国迅速跃居世界第二位，并于 1980—1993 年曾一度超过美国而居世界第一位。

丰田汽车公司的前身是坐落于爱知县举母的丰田织机公司，由丰田佐吉创办。丰田喜一郎继承父业，于 1937 年将丰田织机公司的汽车部扩充为丰田汽车公司。1952 年，丰田英二获得了丰田汽车公司的领导权，其是使丰田汽车公司取得巨大成就的关键人物。该公司之所以成就显赫，还由于建立了一套行之有效的经营管理方式——丰田方式。

日产汽车公司创建于 1933 年，它不像丰田那样以生产管理为主导，其特点是侧重大批量自动化的生产体系。本田科研公司则是崇尚本田宗一郎本人身体力行的一种精通技术、顽强拼搏、无私向上的"本田精神"——白手起家，由 1946 年生产自行车、主力发动机，并迅速发展成为世界上最大的摩托车生产企业和著名的汽车公司。

四、我国汽车的发展

（一）20 世纪 50 年代中国轿车呱呱坠地

视频 1-2　60 年发展看中国汽车

中华人民共和国刚一成立就决定发展自己的汽车工业，1953 年第一汽车制造厂破土动工，这是中国有史以来第一次建设自己的汽车厂，毛泽东主席为奠基仪式亲自题写了"第一汽车制造厂奠基纪念"。1956 年，我国生产的第一辆汽车下线，毛主席又亲自为其命名——解放，对于当时工业整体水平非常落后的中国来说，这确实是一次经济上的解放。1956 年是中国汽车史上令人难忘的一年：5 月，第一汽车制造厂试制成功东风牌轿车，送往北京向党的"八大"献礼，这是中国自制的第一部轿车；6 月，北京第一汽车厂附件厂试制成功井冈山牌轿车，同时工厂更名为北京汽车制造厂；8 月，一汽又设计试制成功第一辆红旗牌高级轿车；9 月，上海汽车配件厂（上海汽车装修厂，后更名为上海汽车厂）试制成功第一辆凤凰牌轿车。在"大跃进"的年代，这几辆稚嫩的国产轿车确实让全国人民欢欣鼓舞了一阵子。

东风牌轿车开进中南海，毛主席试乘之后高兴地说："好啊，坐上自己制造的小轿车了！"以"大跃进"的狂热和速度造出的中国第一批轿车，更多的是政治因素在起作用，"造出争气车，献给毛主席"是当时流行的口号。而在技术上缺乏应有的实力，中国轿车的鼻祖是中国第一代汽车技术人员和工人东拼西凑、手工敲敲打打造出来的。以凤凰车为例，它的发动机采用的是南京汽车厂的四缸发动机，底盘仿华沙轿车，车身外形仿顺风车，零件靠手工技术和在普通机床上搞革新进行切削加工完成。1959 年 2 月 15 日，第一辆凤凰轿车驶进中南海，周恩来总理坐上去绕着中南海兜了一圈，下车后语重心长地说："还是水平问题啊！"由此可见当时轿车制造技术的水平。

由于技术的不成熟，第一批轿车并没有真正成为国家领导人的座乘，热情高涨的汽车工人们很快就又投入到产品的改进中。在造出东风车后的 4 个月，一汽就造出了造型精美、具有民族特色、实用性能较好的高级轿车——红旗，这是中国第一部定型轿车，而且这一响亮的轿车品牌曾让一代中国人为之倾倒。1959 年，第一批红旗 72 型轿车参加了国庆游行和阅兵，并成为中央部委领导的公务用车。同年，仿制德国 1956 年出产的奔驰 220s 的新型凤凰轿车试制成功，并成为中国的又一种定型轿车。由此，揭开了中国轿车工业生产的历史。

（二）20 世纪 60—70 年代的光荣与遗憾

1962 年 6 月周恩来总理到一汽视察，试坐了一辆红旗轿车。1962 年年底，他通知一汽将这辆车速送北京，专门用来接待锡兰总理班达拉奈克夫人，这是红旗轿车第一次承担接待外国高级贵宾的任务。1964 年，红旗轿车正式被国家制定为礼宾用车。当时中央领导人的专车主要是苏联吉斯 100 和 115 型轿车。随着中苏关系的恶化，我国迫切需要替代吉斯的高级轿车，周总理要求一汽尽快生产出三排座的红旗轿车。1964 年，一汽正式成立轿车厂，1965 年 9 月 19 日，一辆崭新的红旗 770 型三排座样车开进北京，该车长 5.7 m，内饰精美考究，乘坐十分舒适，造型也为全世界所称道，一亮相就受到国家领导人的高度赞赏。1966 年，红旗 770 轿车进入批量生产阶段，当年 4 月份，国家领导人纷纷换掉吉斯、吉姆改乘红旗轿车。1972 年，毛泽东的专车也换成了红旗特种车，从而奠定了红旗轿车的至尊地位。红旗曾采用 V8 发动机，这在当时的轿车中是非常罕见的，体现出中国轿车的特色，红旗的特殊地位、独特的工艺及其精美、典雅的造型使其成为世界名车，当时，坐红旗轿车成为很多到中国来的外国贵宾的一大心愿。红旗轿车是中国人的骄傲，也是那个时代人们寄托情感的一大标志。

20 世纪 60—70 年代，除了红旗轿车外，中国唯一大批量生产的轿车就是上海牌轿车。1964 年，凤凰牌轿车改名为上海牌，并对制造设备做了一系列改进。首先制成了车身外板成套冲模，结束了车身制造靠手工敲打的落后生产方式，又以此为基础制成各种拼装台，添置点焊机，实现拼装流水线生产，轿车质量得到稳定和提高。1965 年，上海牌轿车通过中华人民共和国第一机械工业部技术鉴定，批准定型。到 1979 年，上海牌轿车共生产了17 000 多辆，成为我国公务用车和出租车的主要车型。1972 年起还对车身进行了改型，并减轻了自重。1980 年，该车年产量突破 5 000 辆。1985 年，已经开始与德国大众公司合资的上海轿车厂和嘉定县（今为嘉定区）联营另行建厂继续生产上海牌轿车，并继续做了一些技术改进，一直生产到 20 世纪 90 年代。在相当长的时间里，上海牌轿车支撑着国内对轿车的需求，为社会发展做出了贡献。

中华人民共和国自主制造出的轿车填补了中国工业的空白，让中国自立于世界汽车工业之林，但由于我国的汽车工业与国外交流较少，故失去了提高的机会，使我国的汽车工业逐渐被现代化的世界汽车工业抛在后面。另外，当时我国的汽车工业是以载货汽车为主导的，对轿车缺乏应有的重视，这使得我国的轿车工业技术水平长期处于极为不成熟的状态。

（三）20 世纪 80—90 年代轿车梦渐圆

改革开放后，我国经济迅速发展，对轿车的需求越来越强，我国落后的轿车工业根本无法满足这种需求。一时间，外国轿车洪水般涌入我国。1984—1987 年，我国进口轿车

64 万辆，耗资 266 亿元。

为了快速提高中国轿车生产能力和技术水平，我国汽车工业开始走上与国外汽车企业合作、引进消化外国先进技术的发展道路。具体方式基本都是从进口全部散件组装开始，逐渐提高国产化率。20 世纪 80 年代中期可以视为第一阶段，建立了上海桑塔纳、广州标致两个合资企业，还引进了夏利、奥迪等车型。这一阶段是引进的摸索阶段，引进的车型和技术也不是很先进。20 世纪 90 年代前期和中期是新时期轿车工业发展的第二个阶段，中外合作以及技术引进都进一步深入，两个新建的合资企业一汽大众和神龙富康起点都比较高，富康引进的是 20 世纪 90 年代的车型，一汽引进了先进的 20 气阀发动机制造技术，并向德国出口这种发动机部件。全国主要引进车型的国产化率达到 80% 以上，质量也显著提高，价格不断下降，国产轿车又占据了绝大部分市场销售份额。我国的轿车工业初具规模，整体实力显著增强。同时，国家也把轿车生产作为汽车工业发展的重点，并鼓励私人购车，轿车开始迅速进入百姓家，市场上 80% 的轿车由私人购买，1 000 万人口的北京已经有 5 万多辆私人轿车。1998 年，我国轿车产量达到 43 万辆，大约占汽车总产量的 40%，汽车产业结构已经发生根本性的转变。1998 年以来，我国以中外合作和技术引进为基础的轿车工业又迈上了一个新台阶，广州本田、上海通用和一汽大众分别引进了最新的高档车型雅阁、别克和奥迪 A6，这是我国轿车生产技术实力大大增强的必然结果，这几个车型的投产标志着中国轿车产品和生产技术已经赶上了世界的发展步伐。

（四）20 世纪 90 年代的腾飞

进入 20 世纪 90 年代以来，轿车开始进入我们的生活，买私家车就像 20 世纪 70 年代的"四大件"、20 世纪 80 年代的家用电器一样成为众多家庭追求的目标，而这在 20 年前是无法想象的。这说明我国的经济实力不断增强，人民生活水平大幅度提高，同时也反映出民族汽车工业的巨大进步。

在经历了近半个世纪的风风雨雨之后，在中华人民共和国成立 50 周年之际，中国轿车终于崛起，迎来了可喜的收获。

（五）新世纪的超越

随着我国国民经济的高速发展和人民生活水平的不断提高，我国汽车产业步入了高速发展的轨道。2004 年，中国国内汽车累计产、销量达 507.05 万辆和 507.1 万辆，同比约分别增长 14% 和 16%，其中轿车累计产、销量同比增长 11.99% 和 15.17%。我国汽车消费占全球汽车消费的 7.5%，已成为世界第三大汽车消费国和第四大汽车生产国。2004 年，我国汽车工业总产值和销售收入均突破 1 万亿元，这就意味着物流成本每降低 1 个百分点，每年就可增加约 100 亿元的纯利润收入。因此，降低物流成本毫无疑问已经成为汽车生产企业的第三利润增长点。

随着我国人民生活条件的不断提高，轿车已成为一种常用的交通工具，相信我们会把汽车带入一个崭新的时代，让它在更加健康的环境下发展。有效地利用我国优越的市场条件，平稳而快速地发展我国社会主义市场下的汽车行业，努力打造有利于市场经济发展的汽车行业是我们共同的目标，认识了汽车从有到无、从弱到强的过程，能够让我们谨记防止垄断，只有这样才能为汽车产业的发展提供良好的社会环境。

视频 1-3　中国汽车工业发展离不开他

任务二　汽车企业的介绍

纵观全球交通运输的发展，可以说汽车是近几年来发展最为迅猛的交通工具，从被喻为怪物的发明之初，到现今的琳琅满目，汽车经历了一场波澜起伏的发展与变迁。而在这发展的过程中涌现出了一系列耳熟能详的汽车：劳斯莱斯幻影、布加迪威龙、大众桑塔纳、甲壳虫、法拉利 V5……，而在这些名车的背后，是一个个争霸车市的汽车企业。

在德国有大众汽车独领风骚，在美国有通用、福特两大巨头，在日本有闻名世界的"三剑客"——丰田、本田、日产，在韩国有崛地而起的"双雄"——现代、起亚……

下面让我们一起来回顾这些"巨头"的发展，一起来领略其闻名世界的汽车文化，一起打开这汽修专业的第一扇门。

一、世界级巨头——通用汽车

（一）通用企业介绍

通用汽车公司（GM）成立于 1908 年 9 月 16 日，共拥有 266 000 名员工，成为全球汽车业的领军者已有 70 多年的历史。通用汽车公司的总部位于美国底特律，迄今在全球 35 个国家和地区建立了汽车制造业务。

1. 公司历史

（1）通用汽车公司的前身是 1907 年由戴维·别克创办的别克汽车公司。

（2）1908 年，美国最大的马车制造商威廉姆·C. 杜兰特买下了别克汽车公司并成为该公司的总经理，同时推出 C 型车，别克汽车公司成为全美主要汽车生产商。同年，杜兰特以别克汽车公司和奥兹汽车公司为基础成立了一家汽车控股公司——通用汽车公司（GM）。

（3）1909 年，通用汽车公司合并了另外两家小汽车公司——奥克兰汽车公司（现在的庞蒂克分部）和卡迪拉克汽车公司；不到两年的时间内通用汽车公司大举并购了 20 多家公司，同时也成为华尔街评价最高的公司之一。

2007 年，通用汽车在全球售出近 937 万辆轿车和卡车。在 2007 年财富全球 500 公司营业额排名中，通用汽车排名第五。

通用汽车公司是美国最早实行股份制和专家集团管理的特大型企业之一。通用汽车公司生产的汽车，是美国汽车豪华、宽大、内部舒适、速度快、储备功率大等特点的经典代表，而且通用汽车公司尤其重视质量和新技术的采用。因而通用汽车公司的产品始终在用户心中享有盛誉，在这一时期，通用汽车公司已成为一个全球性公司。

（4）2009 年 6 月 1 日，通用汽车公司申请破产保护。

（5）2009 年 7 月 10 日成立新通用汽车有限公司，结束破产保护。目前由美国联邦政府注资而持有其 60.8% 的股权，新公司标志保持不变，只保留"雪佛兰""凯迪拉克""别克"和"GMC"4 个核心汽车品牌。

2. 旗下品牌

美国通用汽车公司旗下品牌如图 1 - 1 所示。

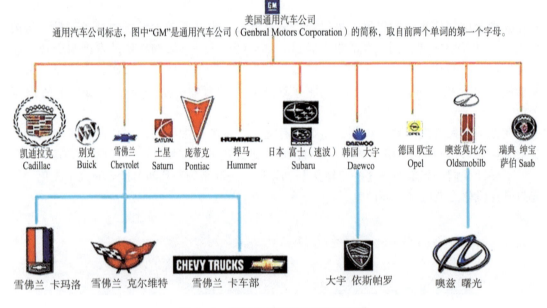

图 1 - 1　美国通用汽车公司旗下品牌

（二）雪弗兰介绍

1. 车标

雪弗兰（Chevrolet）车标如图 1 - 2 所示，表示图案化了的蝴蝶结，Chevrolet 是瑞士的赛车手、工程师路易斯·雪佛兰的名字。

图 1 - 2　雪弗兰车标

2. 百年历史

（1）1908 年，通用汽车创始人威廉姆·杜兰特（William Durant）在一次环球旅行途中一家法国旅馆的墙纸上发现了一个有趣的图案，他认为这个图案可以作为汽车的标志，后来这个"金领结"图案果然演变成了畅销全球的雪佛兰汽车的标志。而也正是威廉姆·杜兰特改变了雪佛兰产品的设计，赋予雪佛兰新的定义，从而使雪佛兰获得了巨大的成功。

（2）1909 年的夏天，威廉姆·杜兰特先生邀请声誉卓著的瑞士赛车手兼工程师路易斯·雪佛兰（Louis Chevrolet）帮助他设计一款面向大众的汽车。但路易斯·雪佛兰制造的汽车车身宽大、价格昂贵，类似欧洲款的赛车，销售不佳。威廉姆·杜兰特认识到他们需要与低价车相竞争，提高销量，于是改用了更简洁和经济的设计。但是他保留了雪佛兰的名字，因为他喜欢"雪佛兰"读起来悦耳的声音。

（3）1912 年，第一辆雪佛兰轿车 Little Four 在底特律问世。1917 年，定价 490 美元的"490"小轿车成功帮助雪佛兰公司将销售量提高到 19 万辆。1927 年，雪佛兰成长为美国本土年度销量超过 100 万辆的汽车品牌之一。1965 年，雪佛兰成了美国第一家年产量超过 300 万辆的汽车公司。而雪佛兰的第 1 亿辆汽车诞生于 1979 年。这期间，雪佛兰曾经创下了"每隔 40 秒钟卖出一辆新车"的业界神话。

（4）2004 年，雪佛兰全球年销售量超过 360 万部新车，占全球汽车当年销售总量的 5%。也就是说，在当年销售的每 16 部新车中就有一辆雪佛兰。

雪佛兰拥有如此骄人的成绩绝大部分要归功于其产品包含的价值和世界尖端技术。许多当代汽车运用的技术都源自那时的雪佛兰，如最早采用了电子点火、最早配备了车载收音机以及自动变速箱。其创新的设计还包括电动制动、电动车窗、电动座椅和先进的高功率 V8 发动机。

不仅如此，雪佛兰最富创新精神的产品理念和品牌文化已经深深地融入美国人的生活中。在美国，雪佛兰轿车被人们亲切地称作"CHEVY"，而"CHEVY"在英文中有"追逐"的意思，它让美国人感受到了亲切、温馨并且值得信赖的感觉。"CHEVY"和棒球、热狗、苹果派一样成为美国人的最爱。雪佛兰不但让他们能轻松享受生活，还能让他们以雪佛兰为自豪。

（三）别克介绍

1. 车标

别克车标如图 1-3 所示，图中那三颗颜色不同（从左到右：红、白、蓝三种颜色）并依次排列在不同高度位置上的子弹，给人一种积极进取、不断攀登的感觉，它表示别克分部采用顶级技术，刃刃见锋；也表示别克分部培养出的人才个个游刃有余，是无坚不摧、勇于登峰的勇士。

图 1-3 别克车标

2. 历史回顾

（1）别克是第一个真正成功的汽车品牌，它带动了整个汽车工程水平的进步并成为其他汽车公司追随的榜样。别克公司以技术先进著称，首创顶置气门、转向信号灯、染色玻璃、自动变速器和安全气囊。

（2）1923 年：别克第一百万辆汽车下线。

（3）1927 年：哈里·厄尔被聘请为通用汽车艺术和色彩部负责人，这是汽车工业历史上的第一个，他引入的黏土制作汽车模型的方法一直沿用至今。

（4）1937—1938 年：哈里·厄尔设计的"Y-Job"被公认为是汽车工业上的第一款概念车，从此"概念车"成为汽车行业最重要的市场和销售工具。

（5）1948 年：哈里·厄尔引入"高尾鳍"设计。

（6）1948 年：Roadmaster 车型上首次出现自动变速器。

（7）1950—1951 年：来自战斗机的设计灵感，哈里·厄尔发布的 Lesabre 概念车确立了 20 世纪 50 年代美国经典车型的设计走向。

（8）1953 年：哈里·厄尔"汽车秀"（Motorama）在纽约亮相，这是世界上第一个汽车展览。

（9）1953 年：为庆祝公司成立 50 周年，别克推出敞篷车 Skylark 限量版。

（10）1959 年：别克推出 Lesabre、Invicta 和 Electra 三个新车系，为此，别克标志进行了大改革，由三盾替代了原来的一个盾标志，三个盾分别代表别克的三种车型。三盾互叠在一起，颜色为红、白，后改为银灰和蓝。

（11）1963 年：被誉为"现代经典"的 Riviera 车型推出。

（12）1961 年：新型的铝制 V8 发动机出现在新型轿车上。

（13）1974 年：别克推出了其经济型的 V6 发动机，最终成为别克系列的主要发动机。

（14）1984 年：别克汽车全球销量达到 100 万辆。

二、无冕之王——大众汽车

（一）大众企业介绍

大众汽车顾名思义就是为大众生产的汽车，大众汽车公司（德语：Volkswagenwerk）名列世界十大汽车公司之一，1938 年创建于德国的沃尔斯堡，创始人是世界著名的汽车设计大师费迪南德·波尔舍。大众汽车公司以经营汽车产品为主，是一个在世界上许多国家都有汽车活动的跨国汽车集团，世界汽车产销量排名第五。

1. 公司历史

（1）1938 年创建于德国的沃尔斯堡，创始人为费迪南德·波尔舍。

（2）20 世纪 30 年代，由于疯狂扩军，使德国经济出现萧条，时任德国总理的希特勒提出让每个德国家庭都拥有汽车，想以此来刺激公众消费，以利于德国经济的复苏。

（3）于 1938 年准备大规模生产家用轿车，后因第二次世界大战爆发，故只生产了 630 辆便被迫停产，转向生产军用汽车。

第二次世界大战后，大众汽车公司划归西德政府，又重新开始生产家用轿车。由于开始生产的轿车外形很像一只甲壳虫，所以后来这种车被人们称作"甲壳虫"轿车。

由于"甲壳虫"轿车价格低廉，很适宜一般家庭使用，很快风靡德国和欧洲，从 1943 年开始生产到 1981 年最后一辆"甲壳虫"轿车开下流水线，已经累计生产 2 000 万辆，打破了福特 T 型车的世界纪录。

（4）1973 年，新一代大众汽车的首款车型帕萨特（Passat）投入生产，它采用四轮驱动和水冷四缸发动机，发动机调校范围达 110 bhp①。帕萨特采用模块化战略设计，标准化的组件可同时应用于多款不同的车型，从而带来了显著的规模经济效应。

（5）1974 年 1 月，首辆高尔夫轿车在沃尔夫斯堡亮相。这款紧凑型厢式小客车一经推出便快速风靡，进而成为甲壳虫神话的继承者。同年公司还推出了运动型跑车 Scirocco，一直生产到 1981 年。

----

① bhp：马力单位，1 bhp = 0.746 kW。

（6）1976 年，首辆高尔夫 GTI 下线。该款车型以其 110 bhp 的发动机掀起了一阵马路旋风，为又一个传奇的诞生奠定了基础。

（7）1983 年 6 月，第二代高尔夫的生产正式拉开序幕。该款车型在设计上非常适合高度自动化的装配流程，在特别建立的装配车间（Hall 54），机器人首次应用于汽车制造中。

（8）1999 年 7 月，Lupo 3L TDI 的推出标志着首款耗油率仅为 3 L/100 km 的量产车问世，大众汽车公司再次在汽车业的发展史上写下浓重的一笔。

（9）2002 年 8 月，在布拉迪斯拉发（Volkswagen Slovakia），一款豪华越野车 Touareg 开始量产，标志着大众品牌正式进入一个全新的市场领域。

（10）2002 年 12 月，"Auto 5000 GmbH" 公司（经营着集团在沃尔夫斯堡的一间工厂）开始进行 Touran 小型厢型车的生产。公司制定了一种特别的集体支付模式，旨在实施精益生产，涉及扁平化的组织结构、团队合作、灵活的工作时间，以鼓励工人们在生产改进中扮演更积极的角色。

（11）2003 年，第五代高尔夫开始生产，在其设计中体现了一种新的活力观。

2. 车标

大众汽车公司的德文 VolksWagenwerk，意为大众使用的汽车，标志中的 VW 为全称中的头一个字母。大众车标标志像是由三个用中指和食指作出的"V"组成，表示大众公司及其产品必胜 - 必胜 - 必胜，如图 1 - 4 所示。

3. 旗下品牌

大众汽车公司的主要品牌有大众、奥迪、西亚特、斯柯达、布加迪、宾利和兰博基尼，如图 1 - 5 所示。

图 1 - 4　大众车标

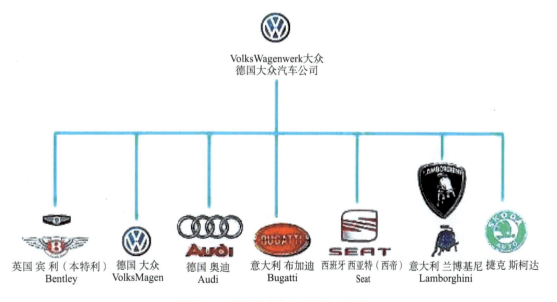

图 1 - 5　德国大众汽车公司旗下品牌

（二）奥迪介绍

1. 车标

奥迪车标如图 1 - 6 所示，4 个圆环表示当初是由霍赫、奥迪、DKW 和旺德诺 4 家公司合并而成的，每一环都是其中一个公司的象征。半径相等的四个紧扣圆环，象征公司成员平等、互利、协作的亲密关系和奋发向上的敬业精神。

图 1 - 6　奥迪车标

2. 企业介绍

（1）作为汽车工程师的奥迪创始人奥古斯特·霍希与其他的汽车工程师一样，并不满足于替他人打工，而是希望拥有以自己的名字命名的品牌。1899 年，他在莱茵河畔创立了以自己的名字命名的车厂——Augost Horch & CIE，那一年史称奥迪元年。

（2）奥迪汽车公司现为大众汽车公司的子公司，总部设在德国的英戈尔施塔特，年产轿车 45 万辆左右。

（3）奥迪轿车主要产品有 A3 系列、A4 系列、A6 系列、A8 系列和敞篷车及运动车系列等。

3. 车系定位

A 系列表示奥迪轿车型号，奥迪轿车和 MPV 的型号都是用公司英文（Audi）的第一个字母（A）打头的，数字越大表示其价格越高：

（1）A2 系列是小型旅行车；

（2）A3、A3 3 - Door 系列是小型旅行车；

（3）A4 系列是运动轿车；

（4）A4 Avant 系列是中型旅行车；

（5）A4 Cabriolet 系列是敞篷车；

（6）A5 系列是跑车；

（7）A6、A6L 系列是公务轿车；

（8）A8、A8L 系列是大型公务轿车。

Q 系列表示奥迪越野车型号，数字越大表示其价格越高。

三、韩国双雄之现代汽车

（一）现代企业介绍

现代拥有世界上最大规模的汽车生产基地蔚山工厂、全州车厂、牙山工厂，8 个研究中心，拥有韩国唯一的具有国际水平的汽车综合试验场等，各类汽车年产能力达 145 万辆，在全球 190 多个国家和地区拥有近 4 000 家销售商。今天的现代是韩国最大的汽车制造企业，也是世界最大的 20 家汽车企业之一。

1. 公司历史

（1）1967 年，韩国历史上最富传奇色彩的商业巨头郑周永先生一手创办现代汽车。

（2）1969 年和美国福特汽车公司合作，引进福特技术生产"哥蒂拉"牌小汽车，并在 1970 年建成年产 2.6 万辆生产能力的蔚山工厂。

（3）1975 年现代公司花巨资，在公司内消化吸收福特技术。1974 年投资 1 亿美元建设年产 5.6 万辆的新厂，1975 年该厂建成，小汽车国产化率达到 100%。

（4）1976 年，自己设计生产的福尼牌小轿车下线，现代公司走向成熟。

（5）20 世纪 80 年代，现代公司垄断了韩国市场，和丰田公司分手，与三菱公司结盟，生产小马牌汽车。其平滑的车身配置 80 bhp 和 92 bhp 两款发动机，以 5 900 美元的空前超低价位切入北美车市的最基层——大众车市，引发消费及产业界的极度震撼，也为现代车厂打响了名号。

（6）1998 年郑梦九就任现代汽车会长，当时就喊出："只有把质量提高到丰田的水平，我们才能生存下去。质量是我们生存的核心，不管花多少钱，也要保证质量。"

（7）现代汽车在 1998 年决定为每辆汽车提供 10 年期、10 万 mi①的保修承诺，这个令人惊悚的 10 年/10 万 mi 的保修计划直接导致了克莱斯勒和三菱新的保修方案的出台。当时，美国大部分汽车厂商提供的都是 3 年或 3.6 万 mi 保修政策。

在全球著名市场信息服务公司美国 J. D. Power 发布的"2011 年服务满意度"调查结果中，现代汽车的服务满意度在一般品牌中位列第 6 位，跻身第一集团军。在这项服务满意度调查中，其已经连续 6 年超越丰田汽车、连续 3 年超过本田汽车。

2. 车标

现代汽车车标如图 1-7 所示，现代汽车公司的标志椭圆内的斜字母 H 是现代公司英文名称 HYUNDAI 的首个字母，椭圆既代表汽车转向盘，又可看作地球，两者结合寓意了现代汽车遍布世界。

图 1-7　现代车标

3. 旗下品牌

现代汽车公司旗下品牌如图 1-8 所示。

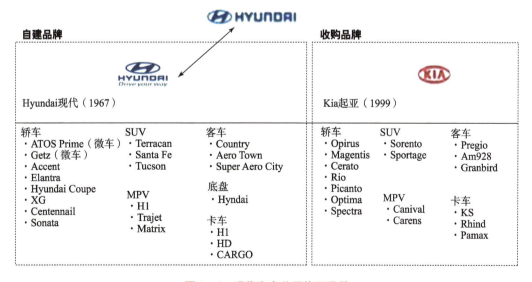

图 1-8　现代汽车公司旗下品牌

————————

①　1 mi = 1.609 344 km。

（二）起亚介绍

1. 车标

起亚车标如图 1 - 9 所示，起亚汽车公司的品牌标识："The Power to Surprise"，代表公司对全球消费者"通过不断创新超越顾客期望"的承诺；品牌核心理念：The Power to Surprise，即激情超越梦想；品牌形象：崭新、年轻、优雅、进取。

图 1 - 9　起亚车标

2. 发展回顾

（1）起亚汽车公司成立于 1944 年，是韩国历史最为悠久的汽车制造厂。

（2）1961 年 10 月，起亚制造出 C - 100 摩托车，韩国的摩托车工业从此诞生。

（3）1962 年，一辆小型的厢式三轮货车 K360 面世。从此，起亚走上了汽车制造的道路。三轮汽车的生产持续到 1973 年，总销量达到 25 000 台，而摩托车的生产则持续到 1981 年。

（4）1973 年，起亚生产出韩国第一台汽油发动机，并于 1974 年 10 月生产出韩国第一辆采用汽油发动机的乘用轿车 Brisa，从此，起亚开始与世界车厂的发展方向接轨，并且介入竞争激烈的轿车市场之中，Brisa 轿车也成了韩国首部出口的汽车，出口到中东地区。

（5）1981 年，起亚被韩国政府指定为面包车生产厂家，从而形成了轿车、货车、旅行车的生产体系。

（6）1994 年，起亚公司度过了自己的 50 岁盛典，但公司的经营却出现了问题，发展前景令人担忧。起亚在国内和北美这两个最大的市场上销售业绩不断下滑，起亚 R&D 中心也由于资金问题不得不关闭。

（7）1998 年，起亚汽车公司与韩国最大的汽车公司——现代公司签订了股权转让协定，并且在 1999 年与现代汽车公司一起成立现代·起亚汽车集团。

四、日本剑客——丰田汽车

（一）丰田企业介绍

丰田汽车公司（Toyota Motor Corporation）是一家总部设在日本爱知县丰田市和东京都文京区的汽车工业制造公司，隶属于日本三井财阀。丰田汽车公司自 2008 年始逐渐取代通用汽车公司而成为全世界排行第一位的汽车生产厂商。

1. 企业发展历史

（1）丰田汽车公司简称"丰田"（TOYOTA），创始人为丰田喜一郎，1937 年成立了"丰田汽车工业株式会社"，地址在爱知县举田盯，初始资金 1 200 万日元，员工 300 多人。

（2）1936 年年底至 1937 年年初，丰田制造的卡车因质量差销售一直不景气。在日本发动了侵华战争后，日本军方大批采购卡车，丰田公司的所有库存车一售而空，丰田公司赚了大钱。

（3）1950 年 4 月，丰田汽车乐售公司成立。1950 年 6 月，朝鲜战争爆发，美军 46 亿日元的巨额订货，使丰田迅速发展起来。1952 年 3 月 27 日，丰田喜一郎因患脑溢血去世。1974 年，丰田与日野、大发等 16 家公司组成了丰田集团，同时与 280 多家中小型企业组成协作网。1982 年 7 月，丰田汽车工业公司和丰田汽车销售公司重新合并，正式更名为丰田汽车公司。

（4）丰田的产品涉及汽车、钢铁、机床、电子、纺织机械、纤维织品、家庭日用品、化工、建筑机械及建筑业等。1993 年，丰田总销售额为 852.83 亿美元，位居世界工业公司第 5 位，全年生产汽车 445 万辆，占世界汽车市场的 9.4%。

（5）1992 年 1 月，丰田基于"正因企业处在外部环境发生很大变化的非常时期，更应意识到坚守理念认准前进目标的重要性"这一认识，制定了"丰田基本理念"。

2. 车标

丰田车标如图 1 – 10 所示，丰田公司车标三个椭圆的标志是从 1990 年初开始使用的，标志中的大椭圆代表地球，中间由两个椭圆垂直组合成一个 T 字，代表丰田公司，它象征着丰田公司立足于未来，对未来的信心和雄心。

图 1 – 10　丰田车标

3. 旗下品牌

丰田汽车公司旗下品牌如图 1 – 11 所示。

图 1 – 11　丰田汽车公司旗下品

（二）雷克萨斯介绍

1. 车标

雷克萨斯车标如图 1 – 12 所示，即用椭圆环绕 L 字母，根据美国丰田汽车销售公司的官方说法，这个椭圆弧度依照精确的数学公式修饰，动用三个以上的设计商和广告商，花了半年多的时间才设计完成，这个脱颖而出的标志击败了五个设计比稿。1987 年，摩利设计公司（Molly Designs Inc.）负责人摩利·山德斯（MollySanders）花了三个月的时间精巧制作出这个别具特色的椭圆和 L，取代原先最有希望获选的版本——一个没有圆圈环绕，看起来像海鸥翅膀的 L。

2. 历史介绍

（1）1983 年 8 月，丰田（TOYOTA）主席 Eiji Toyota 决定创立一个豪华品牌来挑战世界上最好的豪华车。

图 1-12　雷克萨斯车标

（2）1985 年 5 月，一个设计小组被派往加利福尼亚设计概念车。同年 7 月，第一个 LS400 的原型车被制造出来。

（3）1986 年 5 月，LS400 型车的性能测试在德国的 Autobahn 展开。同年 9 月，测试在美国的公路上广泛开展。

（4）1987 年 5 月，公司管理层通过了 LS400 的最终设计。

（5）1993 年 1 月，作为雷克萨斯家族的新成员，运动型豪华轿车 GS300 在洛杉矶车展和底特律车展中首次亮相。

（6）2004 年 6 月 8 日，北京 Lexus 部宣布，截至 2004 年第四季度，雷克萨斯将在中国的北京、上海、广州和深圳 4 个城市建立 6 个独立的特许经销店。这意味着雷克萨斯品牌专卖店正式进驻中国。

（7）2009 年 9 月，雷克萨斯开发了一款全新的紧凑型掀背车，该车的概念版车型在 9 月开幕的法兰克福车展正式亮相。

五、SUV 市场的霸者——长城汽车

（一）长城企业介绍

长城汽车是长城汽车股份有限公司的简称，长城汽车的前身是长城工业公司，是一家集体所有制企业，成立于 1984 年，公司总部位于河北省保定市。

长城汽车是内地首家在香港地区 H 股上市的整车汽车企业、国内规模最大的皮卡 SUV 专业厂、跨国公司，下属控股子公司 30 余家，员工 60 000 余人，拥有 6 个整车生产基地（皮卡、SUV、轿车），2015 年年产量达 180 万辆，具备发动机、变速器、前桥、后桥等核心零部件自主配套能力。

1. 历史发展

（1）1990 年 7 月 1 日，南大园乡政府聘任魏建军先生到长城汽车工业公司（成立于 1984 年）任总经理，并承包经营，企业从此确立了市场竞争理念和灵活管理机制。

（2）1991 年开始生产长城牌（Great Wall）轻型客、货汽车，并且连续 4 年产销量翻番，企业得到迅猛发展。

（3）1995 年 10 月转型开发新产品，定位于中国皮卡汽车市场。

（4）1996 年 3 月 5 日，第一辆长城迪尔（Deer）皮卡下线。

（5）1997 年，长城汽车建设 200 家营销服务网络，在国内率先实行经销商代理模式。同年，长城迪尔皮卡市产销量名列前茅，取得骄人业绩。

（6）1998 年 6 月 26 日，长城汽车工业公司改制为长城汽车有限责任公司。

（7）1998 年年底，长城皮卡成为中国皮卡市场的销量冠军。

（8）1998 年 10 月 12 日，第一批长城皮卡出口中东；1999 年 10 月 28 日，长城汽车

第 10 000 辆皮卡下线仪式将国产皮卡推向高潮。

（9）2000 年 1 月 18 日，控股成立保定长城华北汽车有限责任公司；同年 5 月 25 日，控股成立保定长城内燃机制造有限公司。

（10）2001 年 6 月 12 日改制成立长城汽车股份有限公司。同年，长城赛铃（Sailor）皮卡投产。

（11）2002 年 5 月 26 日，长城赛弗 SUV 批量上市，首开中国经济型 SUV 先河。

（12）2002 年 9 月 2 日，长城汽车技术中心正式更名为长城汽车技术研究院（国家认定企业技术中心）。

（13）2003 年 5 月 19 日，长城汽车工业园一期 10 万辆整车基地奠基。

（14）2006 年 9 月 3 日，长城哈弗 CUV 销往意大利，是中国第一个出口欧盟地区的汽车企业，创造了中国自主品牌批量出口欧盟的记录。

（15）2006 年 9 月 28 日至 10 月 15 日，长城汽车参加巴黎国际车展，是中国自主品牌首度出席巴黎车展。

（16）2007 年 5 月 18 日，长城汽车 H 股在中国香港成功增发，募集资金 16.09 亿港元，成长潜力获得了国际资本的认同和追捧。

2. 旗下品牌

长城汽车现今拥有主品牌长城汽车，以及子品牌哈佛汽车。

（二）汽车车标介绍

1. 长城车标

长城车标如图 1 - 13 所示，车标中椭圆外形：立足中国走向世界；烽火台形象：中国传统文化象征；剑锋箭头：充满活力、蒸蒸日上，敢于亮剑、无坚不摧；立体"1"：快速反应、永争第一。

2. 哈佛车标

哈佛车标如图 1 - 14 所示，该车标采用谐音方式，即"HAVAL"谐音哈佛。

图 1 - 13　长城车标

图 1 - 14　哈佛车标

六、中国的电器大亨——比亚迪汽车

（一）比亚迪企业介绍

视频 1 - 5　新能源汽车引领者比亚迪汽车历史

比亚迪股份有限公司（以下简称"比亚迪"）创立于 1995 年，是一家于中国香港上市的高新技术民营企业，共建有 9 大生产基地，总面积将近 700 万 m²，并在美国、欧洲、日本、韩国、印度及我的台湾和香港地区设有分公司或办事处，现员工总数已超过 15 万人。

1. 发展历史

（1）1995 年 2 月，比亚迪公司成立，注册资本 250 万元人民币，员工 20 人左右。

（2）1996 年 7 月，通过 ISO9002 认证。

（3）1997 年，公司开始生产锂离子电池。

（4）2000 年，成为摩托罗拉在中国的第一个锂离子电池供应商。

（5）2002 年 7 月，与北京吉驰汽车模具有限公司资产重组，成立全新的北京比亚迪汽车模具有限公司。

（6）2002 年，上海比亚迪有限公司成立。

（7）2003 年 1 月，收购西安秦川汽车有限责任公司。

（8）2007 年 2 月，比亚迪汽车在上海与欧洲的葡萄牙、非洲的安哥拉、佛得角等国家和地区的汽车贸易商正式签署汽车出口合作协议，标志着比亚迪汽车海外战略全面推进。

（9）2007 年 8 月，第一款自主 C 级轿车比亚迪 F6 在深圳坪山基地下线。

（10）2008 年 1 月，比亚迪成功收购了韩国 Mirae 公司在匈牙利科玛罗姆市的工厂。

2. 车标

比亚迪车标如图 1-15 所示，比亚迪 LOGO 在 2007 年已由蓝天白云的老标换成了只用三个字母和一个椭圆组成的标志了，BYD 的意思是 build your dreams，即成就梦想。

图 1-15 比亚迪车标

（二）比亚迪创始人介绍

王传福，比亚迪股份有限公司总裁、核心创始人；1987 年本科毕业于中南工业大学，主修冶金物理化学；1990 年于北京有色金属研究总院硕士研究生毕业，主修冶金物理化学；1990—1995 年工作于北京有色金属研究总院，任副主任；1995 年 2 月创办比亚迪实业有限公司；曾获"深圳市市长奖"及香港"紫荆花杰出企业家"称号，享受国务院特殊津贴。

视频 1-6 车标大全

任务三 汽车组成的认知

汽车通常由发动机、底盘、车身和电器设备四个部分组成，如图 1-16 所示。

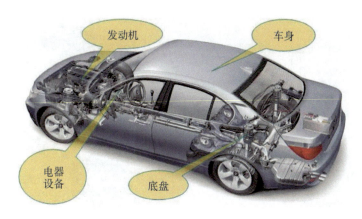

图 1-16 汽车的总体结构

一、发动机

（一）基本功用

发动机的作用是使供入其中的燃料燃烧而发出动力，是汽车的动力装置，被称为汽车的"心脏"，广泛应用于往复活塞式发动机，一般由机体、曲柄连杆机构、配气机构、供给系统、冷却系统、润滑系统、点火系统（汽油机）和起动系统等部分组成，如图 1-17 所示。

图 1-17 汽车的发动机

视频 1-7 汽车发动机的组成

（二）类型

1. 按照使用燃料不同划分

（1）汽油机，如图 1-18 所示。

（2）柴油机，如图 1-19 所示。

2. 按照工作循环不同划分

（1）四冲程发动机，如图 1-20 所示。

（2）二冲程发动机，如图 1-21 所示。

3. 按照冷却方式不同划分

（1）水冷式发动机，如图 1-22 所示。

（2）风冷式发动机，如图 1-23 所示。

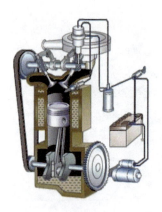

图1-18　汽油机

图1-19　柴油机

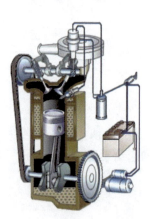

图1-20　四行程发动机

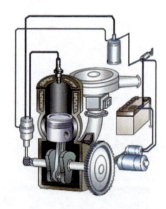

图1-21　二行程发动机

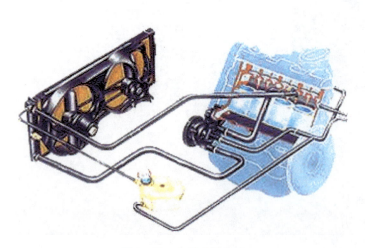

图1-22　水冷式发动机

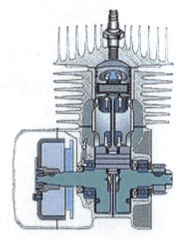

图1-23　风冷式发动机

4. 按照气缸数划分

（1）单缸发动机，如图1-24所示。

（2）多缸发动机，如图1-25所示。

图 1-24 单缸发动机

图 1-25 多缸发动机

5. 按照进气系统是否采用增压方式划分

（1）自然吸气（非增压）式发动机，如图 1-26 所示。

（2）强制进气（增压式）式发动机，如图 1-27 所示。

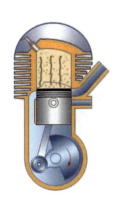

图 1-26 自然吸气（非增压）式发动机

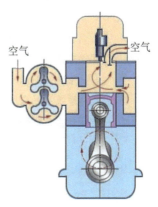

图 1-27 强制进气（增压式）式发动机

6. 按照气缸的排列形式划分

（1）直列发动机，如图 1-28 所示。

（2）V 型发动机，如图 1-29 所示。

图 1-28 直列发动机

图 1-29 V 型发动机

（3）W 型发动机，如图 1-30 所示。

（4）H 型水平对置发动机，如图 1-31 所示。

图1-30　W型发动机

图1-31　H型水平对置发动机

（三）构造

汽油发动机一般由"两大机构、五大系统"组成（见表1-1），而柴油发动机只有"两大机构、四大系统"，即没有点火系统。

表1-1　汽油发动机的组成

两大机构	曲柄连杆机构：能量转换装置
	配气机构：按发动机工作的需要定时开启和关闭进排气门
五大机构	燃料系统：配制发动机所需要的可燃混合气
	润滑系统：润滑发动机各运动机件，减少摩擦和磨损
	冷却系统：散掉多余的热量，保持发动机的正常工作温度
	点火系统：按工作需要点燃可燃混合气
	起动系统：使发动机由静止进入正常工作状态

二、底盘

底盘是汽车的基础，可以称其为汽车的"骨骼"。其基本功用为接受发动机的动力，使汽车运动并按驾驶员的操纵正常行驶。底盘一般由传动系统、行驶系统、转向系统和制动系统四部分组成，如图1-32所示。

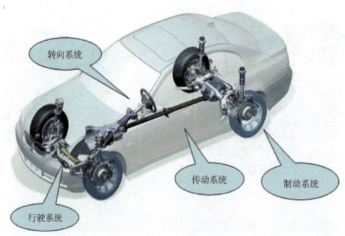

转向系统

传动系统

制动系统

行驶系统

图1-32　底盘的组成

（一）传动系统

1. 功用

传动系统的功用为将发动机发出的动力按照需要传给驱动轮而驱动汽车行驶。

2. 组成

传动系统主要由离合器、变速器、万向传动装置（万向节、传动轴）、主减速器、差速器和半轴组成。桑塔纳2000轿车传动系统的组成及分布如图1-33所示。

视频1-8 汽车传动系

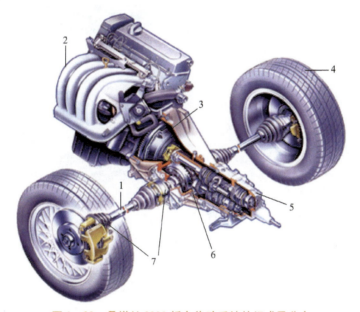

图1-33 桑塔纳2000轿车传动系统的组成及分布

1—传动轴；2—发动机；3—离合器；4—前轮；5—变速器；6—主减速器与差速器；7—等速万向节

1）离合器

离合器的作用是保证汽车平稳起步和变速器平顺换挡，并防止传动系统过载。

2）变速器

变速器的作用如下：

（1）改变传动比（变速）。

（2）使汽车能倒退行驶。

（3）利用空挡，中断动力传递。

3）万向传动

万向传动的作用是在工作过程中相对位置不断改变的两根轴间传递转矩和旋转运动。

4）主减速器

主减速器的作用是将输入的转矩增大并相应降低转速，且当发动机纵置时还具有改变转矩旋转方向的作用。

5）差速器

差速器的作用是当汽车转弯行驶或在不平路面上行驶时，使左、右驱动车轮以不同的转速滚动，即保证两侧驱动车轮处于纯滚动状态。

（二）行驶系统

行驶系统用于支持全车的质量，并保证汽车行驶。其主要由车架、车桥、悬架、车轮和轮胎组成。

1. 车架

车架是汽车的基体，现代许多轿车都没有车架，而车架的功能则由轿车的车身承担，如图 1 - 34 所示。

图 1 - 34　悬架

2. 悬架

悬架是车架与车桥之间的传力装置，主要起到缓和不平路面引起的冲击及衰减振动的作用，如图 1 - 35 所示。

3. 车桥

车桥通过悬架与车架相连，两端安装车轮，其功用是传递车架与车轮之间各方向的作用力及其力矩。

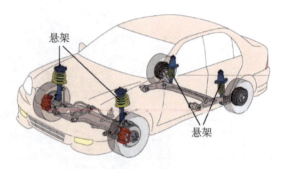

图 1 - 35　车桥

4. 车轮和轮胎

车轮上安装轮胎，其作用是支撑汽车的全部质量，吸收与缓冲行驶时路面的冲击振动，同时保证与路面的良好附着，如图 1 - 36 所示。

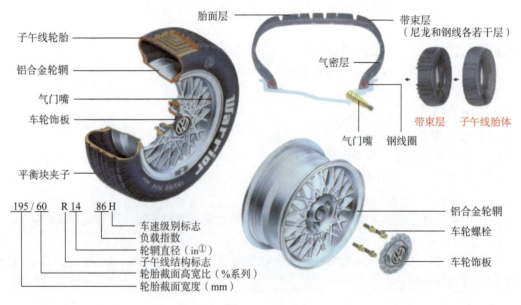

图 1 - 36　车轮

---

① 1 in = 2.54 cm。

（三）转向系统

1. 功用

转向系统的功用是按照驾驶员的要求改变车辆的行驶方向。

2. 组成

转向系统主要由转向操纵机构、转向器和转向传动机构组成，如图1-37所示。

图1-37 转向系统

动画1-9 汽车转向系统
及其组件的结构

3. 类型

（1）机械转向系统，如图1-38所示。

（2）动力转向系统，如图1-39所示。

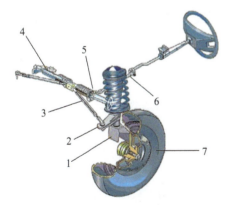

图1-38 机械转向系统

1—转向节；2—转向节臂；3—横拉杆；4—减
震器；5—机械转向器；6—转向轴；7—转向轮

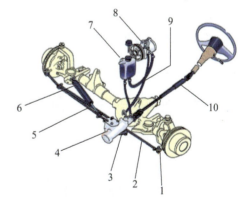

图1-39 动力转向系统

1—转向节臂；2—横拉杆；3—转向摇臂；4—整体式
转向器；5—直拉杆；6—减震器；7—油罐；8—油
泵；9—油管；10—转向轴

（四）制动系统

1. 功用

根据需要使汽车减速或停车，以保证行车安全。

2. 组成

一般装有两套独立的制动装置，即行车制动装置和驻车制动装置。它们都是由车轮制动器、操纵机构和传动机构等组成的，如图1-40所示。

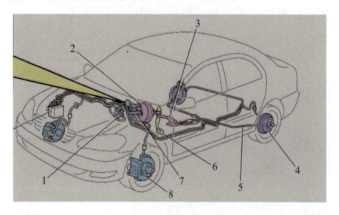

图1-40　制动系统的组成
1—比例阀；2—制动助力器；3—驻车制动杆；4—鼓式制动器；
5—驻车制动拉索；6—制动踏板；7—总泵；8—盘式制动器

三、车身

（一）功用

车身安装在底盘的车架上，用以驾驶员、旅客乘坐或装载货物。车身是驾驶员工作的场所，也是装载乘客和货物的场所。车身应为驾驶员提供方便的操作条件，以及为乘客提供舒适安全的环境或保证货物完好无损。

（二）组成

客车和轿车是整体式车身，如图1-41所示。普通货车车身由驾驶室和货箱组成。

图1-41　车身组成

四、电气设备

电气设备大致分为三部分，即电源、用电设备和配电装置，包括发电机、蓄电池、起动系统、点火系统以及汽车的照明、信号装置和仪表等。此外，在现代汽车上越来越多地装用各种电子设备：微处理机、中央计算机系统及各种人工智能装置（自诊、防盗、巡航、防抱死、车身高度自调等），显著地提高了汽车的使用性能。汽车电气系统的组成如图1-42所示。

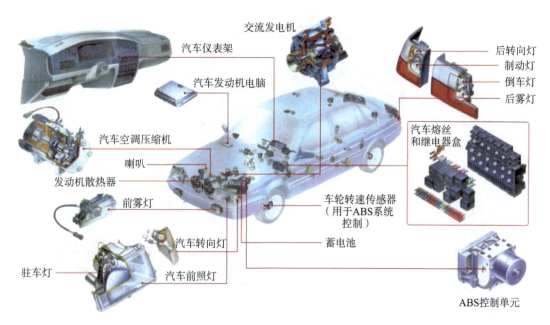

图1-42 汽车电气系统的组成

（一）汽车电源

汽车电源由蓄电池、发电机和调节器组成，蓄电池和发电机是并联连接配合工作的。

1. 蓄电池

蓄电池是汽车的辅助电源，如图1-43所示。其作用是发动机起动或低速运行时，向起动机、点火系统及其他用电设备供电。

2. 发电机

发电机是汽车的主要电源，如图1-44所示。汽车正常运转时，向除起动机外的全部用电设备供电，并向蓄电池供电；当用电设备用电量过大，超过发电机的供电能力时由蓄电池和发电机共同供电。

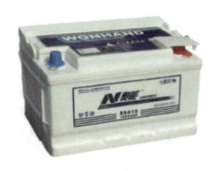

图1-43 蓄电池

图1-44 发电机

汽车电源位置如图 1-45 所示。

图 1-45　汽车电源位置

（二）用电设备

汽车上的用电设备数量很多，例如起动机、照明灯具、电喇叭、仪表装置、车载收音机、电动车窗等，如图 1-46 所示。

图 1-46　汽车用电设备

（a）起动机；（b），（c）照明灯具；（d）仪表装置；（e）电动车窗；（f）车载收音机

（三）配电装置

配电装置主要包括中央接线盒、熔断器、继电器、电线束及插件、电路开关等，通过这些配电装置可以将电源和用电设备连接起来，使全车电路形成一个统一的整体，如图 1 –47 所示。

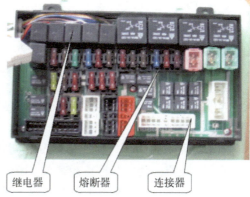

图 1 –47 汽车配电装置

任务四 汽车类型的认知

汽车是由动力装置驱动，具有 4 个或 4 个以上车轮的非轨道、无架线的车辆。汽车的主要用途是运输——载送人员和（或）货物，或者牵引载送人员和（或）货物的车辆。此外，汽车还有其他特殊功用。

汽车可按照不同的分类方法分成各种类型。

一、按用途分类

汽车有运输汽车和特种用途汽车两大类。

（一）运输汽车

1. 轿车

视频 1 –10 轿车的种类

轿车可乘坐 2 ~ 9 个乘员（包括驾驶员），主要供私人使用。轿车可按发动机工作容积（发动机排量）分级。

（1）微型轿车——发动机工作容积在 1 L 以下。

（2）普通级轿车——发动机工作容积为 1.0~1.6 L。

（3）中级轿车——发动机工作容积为 1.6~2.5 L。

上述三种级别轿车的主要特点是尺寸较小、结构紧凑，前排座椅是较舒适的乘坐位置，而后排座椅通常供辅助用。因此，这些轿车最宜作为车主自己驾驶的家庭用车。

（4）中高级轿车——发动机工作容积为 2.5~4 L，如德国奔驰 300 系列轿车。

（5）高级轿车——发动机工作容积为 4 L 以上，如美国通用汽车公司的卡迪拉克高级轿车、美国福特汽车公司的林肯高级轿车、英国罗尔斯·罗依斯高级轿车和德国奔驰 500 系列、560 系列高级轿车。

上述两种级别轿车的主要特点是尺寸大、装备齐全考究、性能优良，较舒适的座位设置在后排。因此，这两种轿车适于聘任驾驶员的社会上层人士使用。

2. 客车

客车可乘坐 9 个以上乘员，主要供公共服务用。按照服务方式不同，客车的构造亦不同，可分为城市公共客车、长途客车、团体客车和游览客车等类型。

城市公共客车由于乘客上下车频繁，其地板离地高度较低并设有 2~3 扇客门，车内设站立位置，故车内通道应有足够的高度与宽度。长途客车由于乘坐时间长，故车内全部布置座席，通常只有 1 扇客门，乘坐舒适性要求较高，且设有若干个行李舱。团体客车供机关、团体使用，行车时间和路线较灵活，不设行李舱。游览客车有较舒适的座位，其车窗尺寸较大，视野开阔。

客车可按车辆长度分级：

（1）微型客车——长度在 3.5 m 以下。

（2）轻型客车——长度为 3.5~7 m。

（3）中型客车——长度为 7~10 m。

（4）大型客车——长度为 10~12 m。

（5）特大型客车——包括铰接式客车（车辆长度大于 12 m）和双层客车（长度 10~12 m）两种。

3. 货车

货车主要用于运载各种货物，在其驾驶室内还可容纳 2~6 个乘员。由于所运载的货物种类繁多，货车的装载量及车箱的结构也各有不同，故主要分为普通货车和专用货车两大类。

普通货车具有栏板式车箱，可运载各种货物。专用货车通常由普通货车改装，其车箱是为专门运载某种类型的货物而设计的，如运载易污货物的闭式车箱，运载易腐食品的冷藏车箱，运载砂土矿石的自卸车箱，运载液体、气体或粒状固体的罐式车箱，运载大型货物的平台式车箱，等等。

货车可按其总质量分级：

（1）微型货车——总质量小于 1.8 t。

（2）轻型货车——总质量为 1.8~6 t。

（3）中型货车——总质量为 6~14 t。

（4）重型货车——总质量大于 14 t。

4. 牵引汽车

牵引汽车是专门或主要用于牵引挂车的汽车，通常可分为半挂牵引汽车和全挂牵引汽车等类型。半挂牵引汽车后部设有牵引座，用来牵引和支撑半挂车前端。全挂牵引汽车本身带有车箱，其外形虽与货车相似，但其车辆长度和轴距较短，而且尾部设有拖钩。牵引汽车都装设有一部分挂车制动装置及挂车电气接线板等。

（二）特种用途汽车

特种用途汽车是根据特殊的使用要求设计或改装而成，主要是执行运输以外的任务。具有装甲或武器的作战车辆不属此列，而被列为军事特种车辆。

1. 娱乐汽车

娱乐汽车是专供娱乐消遣的汽车，运输已不是此种汽车的主要任务，如旅游汽车、高尔夫球场专用汽车和海滩游玩汽车等。

2. 竞赛汽车

竞赛汽车是按照特定的竞赛规范而设计的汽车。著名的竞赛规范有一级方程式竞赛、拉力赛等。竞赛汽车的结构和设计原理虽然与其他汽车大致相同，但其用途却很特殊。

由于竞赛过程中汽车的各种零部件及其性能都需经受极其严峻的考验，故往往在竞赛汽车上集中使用了大量尖端的科技成就。各厂商为了争夺锦标也不惜大量投资进行研制工作。

因此，举办汽车竞赛对促进汽车科技发展具有重要作用，也是各厂商及其赞助者相互竞争和进行广告宣传的好时机。

3. 特种作业汽车

特种作业汽车指在汽车上安装各种特殊设备进行下列特种作业的车辆，如商业售货车、环卫环保作业车、市政建设工程作业车、石油地质作业车、医疗救护车、公安消防车和机场作业车等。

二、按动力装置形式分类

视频1-11 垃圾车种类介绍

（一）活塞式内燃机汽车

根据其使用的燃料不同，通常分为汽油车和柴油车。汽油和柴油在近期内仍将是活塞式内燃机的主要燃料，而各种代用燃料的研究工作也在大力开展，例如以丙烷和丁烷为主的液化石油气，还有甲醇和乙醇以及它们的衍生产品，等等。

活塞式内燃机还可按其活塞的运动方式分为往复活塞式和旋转活塞式内燃机等类型。

（二）电动汽车

电动汽车的动力装置是直流电动机。电动汽车的优点是无废气排出、不产生污染、噪声小、能量转换效率高、易实现操纵自动化。电动机的供能装置通常是化学蓄电池。传统的铅蓄电池在重量、充电间隔时间、寿命、放电能力等方面还不完全令人满意，从而限制了电动汽车的大量普及。但是，在汽车公害、能源等社会问题进一步突出的今天，又会促使电动汽车的研究和推广工作加快步伐。

目前，碱性蓄电池（镍－镉电池、镍－铁电池）的研究取得了较大的进展。这种电池性能好、质量轻，但是其制造工艺较复杂，致使价格过高。此外，电动机的供能装置也可以是太阳能电池，或者是其他形式的电源。

（三）燃气轮机汽车

与活塞式内燃机相比，燃气轮机功率大、质量轻、转矩特性好，所使用的燃油无严格限制，但其耗油量大、噪声较大，制造成本也较高。

视频 1－12　新能源汽车种类那么多，该怎么选？

三、按行驶道路条件分类

（一）公路用车

公路用车指主要行驶于公路和城市道路的汽车。公路用车的长度、宽度、高度、单轴负荷等均受交通法规的限制。

（二）非公路用车

非公路用车主要有两类：一类是本身的外廓尺寸、单轴负荷等参数超出了法规限制而不适于公路行驶，只能在矿山、机场和工地内的无路地区或专用道路上行驶的汽车；另一类是越野汽车，即一种能在复杂的无路地面上行驶的高通过性汽车。越野汽车可以是轿车、客车，也可以是货车或其他用途的汽车。常见的轮式越野汽车都配备越野轮胎并采用全轮驱动的结构形式。

越野汽车可按总质量分级：

（1）轻型越野汽车——总质量小于 5 t。

（2）中型越野汽车——总质量为 5～13 t。

（3）重型越野汽车——总质量大于 13 t。

四、按行驶机构的特征分类

（一）轮式汽车

通常可分为非全轮驱动和全轮驱动两种形式。汽车的驱动形式一般用符号 "$n \times m$" 表示，其中 n 为车轮总数（在 1 个轮毂上安装双轮辋和轮胎仍算 1 个车轮），m 为驱动轮数。

（二）其他形式的车辆

如履带式车辆、雪橇式车辆、气垫式车辆和步行机械式车辆，等等。

任务五　汽车的基本参数和识别代号

一、汽车的主要技术参数和性能指标

（一）汽车的主要技术参数

1. 尺寸参数

尺寸参数：长，宽，高，轴距，轮距，前悬，后悬，最小离地间隙，接近角，离去角，转弯直径，通道圆与外摆值。《道路车辆外廓尺寸、轴荷及质量限值》（GB 1589—2016）和《机动车运行安全技术条件》（GB 7258—2017）均对我国道路车辆的极限尺寸作了规定：货车、乘用车及二轴客车的长度不大于 12 m，宽度不大于 2.5 m，高度不大于 4 m。

2. 质量参数

2）轴荷

轴荷是指汽车满载时各车轴对地面的垂直载荷。国家标准《道路车辆外廓尺寸、轴荷及质量限值》（GB 1589—2016），以及《机动车运行安全技术条件》（GB 7258—2017）均规定：二轴货车的最大允许轴荷不得超过 10 t；客车及三轴以上（含三轴）货车的最大允许轴荷不得超过 10 t。

2）汽车总质量

汽车总质量是指装备齐全时的汽车自身质量与按规定装满客（包括驾驶员）、货时的载质量之和，也称满载质量，即

$$总质量 = 自身质量（整备质量）+ 载质量$$

3）载质量

汽车载质量是指在硬质良好路面上行驶时所允许的额定载质量。当汽车在碎石路面上行驶时，载质量应有所减少（为好路的 75% ~80%）。

（1）越野汽车的载质量是指越野行驶或在土路上行驶的载质量。

（2）轿车的装载量是以座位数表示。

（3）城市公共汽车的装载量以座位数并包括站立乘客数计，一般按每人不小于 0.125 m² 面积计；其他城市客车按每人不小于 0.15 m² 面积计。长途客车和旅游客车的装载质量以座位数计。

视频 1-13　买车必看汽车三大件种类和参数

（二）汽车的主要性能指标

1. 动力性

汽车的动力性可用最高车速、加速能力和爬度能力三个指标来评定。

（1）汽车的最高车速是指汽车满载时，在平直良好的路面上（水泥路面和沥青路面）所能达到的最高行驶速度。

（2）汽车的加速能力是指汽车在行驶中迅速增加行驶速度的能力。汽车的加速能力常用汽车的原地起步加速性和超车加速性来评价。

（3）汽车的爬坡能力是指汽车满载时，在良好的路面上以最低前进挡所能爬行的最大坡度（货车为 30%，即 16.50；越野车为 60%，即 300 左右）。

2. 燃油经济性

燃油经济性是指汽车在一定的使用条件下，以最小的燃油消耗量完成单位运输工作的能力。

（1）L/100 km——我国与欧洲采用。同排量汽车，其数值越大，表明燃油经济性越差。

（2）mile/us - gal——美国采用。同排量汽车，其数值越大，表明燃油经济性越好。

（3）L/（100 t·km）——货车采用。不同载质量的汽车，其数值越小，表明燃油经济性越好。

3. 制动性

汽车的制动性主要由制动效能、制动抗热衰退性能和制动时汽车的方向稳定性三个方面来评价。

（1）制动效能是指汽车迅速降低行驶速度直至停车的能力。制动效能是制动性能最基本的评价指标，它是由一定初速度下的制动距离、制动减速度和制动时间来评定的。

（2）制动抗热衰退性是指汽车高速制动、短时间多次重复制动或下长坡连续制动时制动效能的热稳定性。

（3）制动时汽车的方向稳定性是指汽车在制动时按指定轨迹行驶的能力，即不发生跑偏、侧滑或失去转向的能力。

通常规定一定宽度的试验通道，制动稳定性良好的汽车，在试验时不允许产生不可控制的效能使它偏离这条通道。

4. 操纵稳定性

汽车的操纵稳定性包含着互相联系的两部分内容，一个是操纵性，一个是稳定性。稳定性是指汽车受到外界扰动（路面扰动或突然阵风扰动）后，能自行尽快地恢复正常行驶状态和方向，而不发生失控，以及抵抗倾覆、侧滑的能力。

5. 行驶平顺性

汽车行驶时，对路面不平度的隔振特性，称为汽车的行驶平顺性。路面不平度达到一定程度时，将使乘客感到不舒适和疲劳，或是运载的货物损坏。路面不平度激起的振动引起的附加动载荷将加速有关零件的磨损，缩短汽车的使用寿命。车轮载荷的波动会影响车轮与地面之间的附着性能，关系到汽车的操纵稳定性。汽车的振动随行驶速度的提高而加剧。在汽车的使用过程中，常因车身的强烈振动而限制了行驶速度的发挥。

6. 排放污染物

汽车排放污染主要有三个排放源：一是由发动机排气管排出的燃料燃烧后的废气；二

是曲轴箱排放物；三是燃料蒸发排放物。

7. 噪声

按照噪声产生的过程，汽车噪声源大致可分为与发动机转速有关的声源和与车速有关的声源。

视频1-14　汽车制动性能评价指标有哪些

二、发动机编号规则

为了便于内燃机的生产管理和使用，国家标准（GB/T 725—2008）《内燃机产品名称和型号编制规则》中对内燃机的名称和型号作了统一规定。

（一）内燃机的名称和型号

内燃机名称均按所使用的主要燃料命名，例如汽油机、柴油机、煤气机等。内燃机型号由阿拉伯数字和汉语拼音字母组成。

1. 首部

首部为产品系列符号和换代标志符号，由制造厂根据需要自选相应字母表示，但需主管部门核准。

2. 中部

中部由缸数符号、冲程符号、气缸排列形式符号和缸径符号等组成。

3. 后部

由结构特征和用途特征符号组成，以字母表示。

4. 尾部

区分符号，同一系列产品因改进等原因需要区分时，由制造厂选用适当符号表示。

内燃机型号的排列顺序及符号所代表的意义如图 1-48 所示。

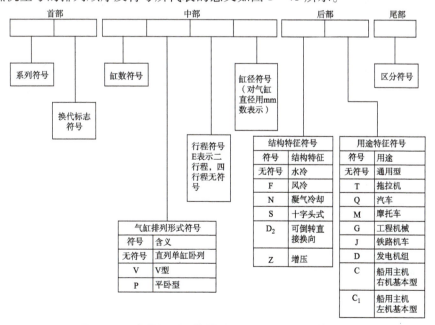

图 1-48　内燃机型号的排列顺序及符号所代表的意义

（二）型号编制举例

1. 汽油机

（1）1E65F：表示单缸，二冲程，缸径 65 mm，风冷通用型。

（2）4100Q：表示四缸，四冲程，缸径 100 mm，水冷车用。

（3）4100Q－4：表示四缸，四冲程，缸径 100 mm，水冷车用，第四种变型产品。

（4）CA6102：表示六缸，四冲程，缸径 102 mm，水冷通用型，CA 表示系列符号。

（5）8V100：表示八缸，四冲程、缸径 100 mm，V 型，水冷通用型。

（6）TJ376Q：表示三缸，四冲程，缸径 76 mm，水冷车用，TJ 表示系列符号。

（7）CA488：表示四缸，四冲程，缸径 88 mm，水冷通用型，CA 表示系列符号。

2. 柴油机

（1）195：表示单缸，四冲程，缸径 95 mm，水冷通用型。

（2）165F：表示单缸，四冲程，缸径 65 mm，风冷通用型。

（3）495Q：表示四缸，四冲程，缸径 95 mm，水冷车用。

（4）6135Q：表示六缸，四冲程，缸径 135 mm，水冷车用。

（5）X4105：表示四缸，四冲程，缸径 105 mm，水冷通用型，X 表示系列代号。

三、车辆识别代码

（一）车辆识别代码的组成

车辆识别代码（VIN）按 GB 16735—2019 规定由三部分、共十七位字码位数组成，不能出现空位，如图 1－49 所示。其中，第一部分：车辆识别代码 1 至 3 位，表示世界制造厂识别代号（WMI）；第二部分：车辆识别代码 4 至 9 位，表示车辆说明部分（VDS）；第三部分：车辆识别代码 10 至 19 位，表示车辆指示部分（VIS）。

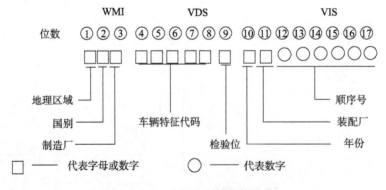

图 1－49　车辆识别代码的组成

（二）分析车辆识别代码

1. 车辆识别代码第一部分

世界制造厂识别代号（WMI）按 GB/T 16737—2019 规定由三位数组成，该代码须经过申请、批准和备案，江淮公司代号为LJ1，适用于本公司所生产的载货车、非完整车辆、客车、乘用车、牵引车和特种车辆，见表1-2。

表1-2 世界制造厂识别代码（WMI）

代码	制造厂名称	适应车辆类型
LJ1	安徽江淮汽车股份有限公司	载货车、非完整车辆、客车、乘用车、牵引车、特种车辆

2. 车辆识别代码第二部分

车辆说明部分代码（VDS）按GB/T 16735—2019规定，由六位数组成，可以充分反映一种车辆类型的基本特征。

（1）VDS的构成（如图1-50所示）。

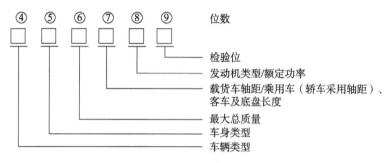

图1-50 VDS的构成

（2）第④位字码——车辆类型（见表1-3）。

表1-3 车辆类型代码

代码	车辆类型	代码	车辆类型	代码	车辆类型
0	低速货车	3	自卸汽车及二类底盘	9	搅拌汽车及二类底盘
1	载货汽车及二类底盘	6	客车及三类底盘		
2	乘用车	8	牵引汽车		

（3）第⑤位字码——车身类型（见表1-4）。

表1-4 车身类型代码

代码	车身类型	代码	车身类型
K	单排座驾驶室	C	中置发动机客车及三类底盘
R	一排半座（带卧铺）驾驶室	E	两厢四门乘用车
P	双排座驾驶室	F	三厢四门乘用车
A	前置发动机客车及三类底盘	G	两厢五门乘用车
B	后置发动机客车及三类底盘		

（4）第⑥位字码——最大总质量（kg）（见表1-5）。

表1-5　最大总质量代码

代码	最大总质量/kg	代码	最大总质量/kg
K	1 000 ~ 2 000	V	11 500 ~ 12 500
A	2 000 ~ 3 500	X	12 500 ~ 13 500
B	3 500 ~ 4 500	9	13 500 ~ 16 500
C	4 500 ~ 5 500	2	16 500 ~ 18 500
D	5 500 ~ 6 500	3	18 500 ~ 20 500
E	6 500 ~ 7 500	4	20 500 ~ 25 500
F	7 500 ~ 8 500	5	25 500 ~ 30 500
R	8 500 ~ 9 500	6	30 500 ~ 35 500
T	9 500 ~ 10 500	7	35 500 ~ 40 000
U	10 500 ~ 11 500	8	>40 000

（5）第⑦位字码——载货车轴距（mm）/乘用车（轿车采用轴距 mm）、客车及底盘长度（m）（见表1-6）。

表1-6　轴距及长度代码

代码	载货车轴距/mm	代码	轿车轴距/mm	代码	乘用车（轿车除外）、客车及客车底盘长度/m
A	2 000 ~ 3 000	P	2 000 ~ 2 390	1	3 ~ 4
B	3 000 ~ 4 000	R	2 390 ~ 2 600	2	4 ~ 5
C	4 000 ~ 5 000	S	2 600 ~ 2 710	3	5 ~ 6
D	5 000 ~ 6 000	T	2 710 ~ 2 800	4	6 ~ 7
E	6 000 ~ 7 000	U	>2 800	5	7 ~ 10
F	7 000 ~ 8 000			6	10 ~ 12
G	>8 000			7	>12

说明　1. 多于二轴的汽车，轴距为最前轴至最后轴之间的距离。
　　　2. 载货车包括牵引汽车、搅拌汽车、普通货车、低速货车、自卸汽车、厢式汽车、其他类型专用车及特种车辆。

（6）第⑧位字码——发动机类型/额定功率（kW）（见表1-7）。

表1-7　发动机类型及额定功率代码

代码	发动机类型	额定功率/kW	代码	发动机类型	额定功率/kW
A	柴油	≤30	D	柴油	90 ~ 115
B	柴油	30 ~ 60	E	柴油	115 ~ 135
C	柴油	60 ~ 90	F	柴油	135 ~ 165

代码	发动机类型	额定功率/kW	代码	发动机类型	额定功率/kW
G	柴油	165~195	3	汽油	90~110
H	柴油	195~230	4	汽油	110~130
J	柴油	230~270	5	汽油	>130
K	柴油	270~300	6	其他燃料	≤100
L	柴油	>300	7	其他燃料	100~120
1	汽油	≤70	8	其他燃料	120~140
2	汽油	70~90	9	其他燃料	>140

（7）第⑨位字码——检验位。

检验位位于 VDS 编码的第9位，可为 0~9 中任一数字或字母"X"，其作用是核对 VIN 记录的准确性。在确定了 VIN 的其他十六位字码后，检验位应由以下方法计算得出。

①VIN 中的数字和字母对应值分别见表1-8和表1-9。

表1-8　VIN 中的数字对应值

VIN 中的数字	0	1	2	3	4	5	6	7	8	9
对应值	0	1	2	3	4	5	6	7	8	9

表1-9　VIN 中的字母对应值

VIN 中的字母	A	B	C	D	E	F	G	H	J	K	L	M	N	P	R	S	T	U	V	W	X	Y	Z
对应值	1	2	3	4	5	6	7	8	1	2	3	4	5	7	9	2	3	4	5	6	7	8	9

②VIN 中每一位指定的加权系数（见表1-10）

表1-10　加权系数值

位置	①	②	③	④	⑤	⑥	⑦	⑧	⑨	⑩	⑪	⑫	⑬	⑭	⑮	⑯	⑰
加权系数	8	7	6	5	4	3	2	10	检验位	9	8	7	6	5	4	3	2

将检验位之外的十六位中每一位的加权系数乘以此位数字或字母的对应值，再将各乘积相加，求得的和被 11 除，除得的余数即为检验位，如果余数是 10，则检验位应为字母"X"。

示例：2004 年生产的 HFC1061K 型载货汽车第 2521 台车的 VIN 代码为 LJ11KDFA44 0002521，见表1-11。

表 1 – 11　VIN 代码确定示例

VIN 中的位置	1	2	3	4	5	6	7	8	9	10	11	12	13	14	15	16	17
VIN 代码	L	J	1	1	K	D	F	A	4	4	0	0	0	2	5	2	1
对应值	3	1	1	1	2	4	6	1		4	0	0	0	2	5	2	1
加权系数	8	7	6	5	4	3	2	10		9	8	7	6	5	4	3	2
乘积总和	24 + 7 + 6 + 5 + 8 + 12 + 12 + 10 + 36 + 0 + 0 + 0 + 10 + 20 + 6 + 2 = 158															
余数	158/11 = 14 余 4															

3. 车辆识别代码第三部分

车辆指示部分由八位数组成，如图 1 – 51。

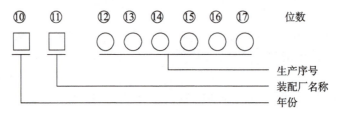

图 1 – 51　车辆指示部分

（1）第⑩位年份代码由世界统一规定（见表 1 – 12）。

表 1 – 12　年份代码

年份	代码	年份	代码	年份	代码	年份	代码
2001	1	2009	9	2017	H	2025	S
2002	2	2010	A	2018	J	2026	T
2003	3	2011	B	2019	K	2027	V
2004	4	2012	C	2020	L	2028	W
2005	5	2013	D	2021	M	2029	X
2006	6	2014	E	2022	N	2030	Y
2007	7	2015	F	2023	P	2031	1
2008	8	2016	G	2024	R	2032	2

（2）第⑪位装配厂打印点代码（见表 1 – 13）。

表 1 – 13　装配厂打印点代码

代码	装配厂打印点	代码	装配厂打印点
1	商用车制造公司轻卡厂总装车间	8	商用车制造公司重卡厂一车间
2	商用车制造公司底盘厂一车间	9	商用车制造公司重卡厂二车间
3	商用车制造公司底盘厂二车间	A	江汽集团安徽江淮专用车有限公司
4	乘用车制造公司轿车厂总装车间	B	江汽集团安徽江淮客车有限公司

续表

代码	装配厂打印点	代码	装配厂打印点
5	技术中心试制 VIN 打印点	C	江汽集团扬州江淮轻型车公司
6	商用车制造公司小卡厂一车间	D	客车底盘营销公司试制 VIN 打印点
7	乘用车制造公司商务车厂总装车间	E	客车底盘分公司装配车间

（3）第⑫位至第⑰位顺序号。

表示车辆的生产序号，该编号以装配厂所生产的同一系列车型一年一编排，不足位数以"0"占位。

视频 1–15　汽车的 VIN 码藏着这么多学问

项目二

汽车维修安全作业

概述

在进行汽车维修的过程中，会涉及汽车设备的维修、所用到的维修工具、接触需要维修的汽车以及维修中与维修后的试车工作等因素，在每一个操作过程中都会有不同的不安全因素存在，如果未采取一定的措施加以预防与管控，将极有可能导致重大的安全事故发生。所以，汽车维修安全作业是尤为重要的，以保证制定科学、合理的安全防范管控措施，在确保汽车得到维修的同时，保障整个过程的人身、财产以及设备的安全，从而使维修工作可以顺利开展，为维修企业赢得更大的经济效益。

学习要求

知识目标	能力目标	权重
1. 掌握汽车维修安全常识，并以此作为行为准则；	1. 能熟知汽车维修安全常识；	25%
2. 掌握汽车维修安全的标志；	2. 能正确选用及佩戴劳动保护用品；	25%
3. 掌握汽车维修作业中的不安全因素，做好防范措施；	3. 能正确处理突发事故；	25%
4. 掌握汽车维修中的5S管理	4. 能按照5S管理进行汽车维修作业	25%

任务一　汽车维修安全的内容与标志

一、汽车维修安全的内容

视频 2-1　安全
要求及注意事项

（一）安全注意事项

1. 作业前

（1）进入汽车维修车间工作，必须正确穿戴工作服、工作鞋、安全帽及其他劳保护具（依据工作内容而定），在车间不得喧哗和玩弄手机，更不能有吸烟、玩火机等危及安全的行为。

（2）在维修车间车辆移到指定位置不再需要移动后必须将驻车制动器拉紧，并用掩木将汽车前后轮都顶住（汽车野外突发故障时也必须找大块的石头顶住车轮，防止在维修车辆时车辆滑动造成事故），在车辆醒目的位置挂上类似于"修理中"的标记牌，无须电路检修时最好拆掉蓄电池火线端。

（3）选择正确合理的修理工具，确保所使用的工具满足工作要求，不用残次或带伤的工具"凑合"作业。

（4）如需使用电动机具设备，则必须遵守电动机具设备的安全操作规程，并预先检查其技术概况，确认良好时才可使用。不可盲目操作和违章操作，必要时应请电动机具设备的负责人协助操作。

2. 作业中

（1）车辆如需支撑离地时，必须用专用支架或举升设备稳固可靠地把车辆架牢，不准在支持点处垫砖块或其他不牢固物体。架车所用到的专用支架和举升设备需要指定专人定期检查维护，并填写检查维护记录。

（2）使用千斤顶顶车时，千斤顶应放置平稳，被顶部位也应该选择平面。车辆升起后，选择合适的木方支撑，防止修理人员维修作业时千斤顶泄压而造成事故。如在户外松软的地面使用千斤顶时，千斤顶下方需要垫木方来防止下陷。

（3）用千斤顶顶起拆卸汽车的车轮时，需要在车辆的大梁部位放置铁凳支撑，防止车辆在拆卸车轮过程中发生晃动而导致车辆倾倒造成事故。在车轮没有安装好前，修理人员不得在车上或车下工作。用千斤顶将车轮放下时打开液压开关要缓慢，严禁采用不正确的操作方法（如用手指试探螺孔、锁孔等，以免轧手）。

（4）拆装发动机及底盘各总成时，应选用适宜的起重设备；起吊前要检查起吊用的钢丝绳、链接部位等是否牢固可靠。在起升及运输的过程中应避免吊件摇晃或站在运件下操作，以确保运件及维修人员人身安全。要求安全管理人员和相关工作人员提前做好起吊作业指导书，明确每名工人的工作内容及职责，分析可能出现的安全隐患及控制措施。

（5）正确使用工具，严禁用扳手或手锤敲击机件工作面，须敲击时用铜棒之类进行。机件放置要分类、放稳，防止丢失和滑落损坏。

（6）不得用手伸入装在车上的变速器内检查齿轮；不得在试验制动系统的汽车下工作；不得在运转的发动机下摆放工具。

（7）起动发动机前应首先检查机油和冷却液是否适量、变速杆是否在空挡位置，拉紧驻车制动器，并鸣笛或大声警告其他修理人员。发动机起动后，应及时检查各仪表的工作情况是否正常。如发现异响，应停机检查。发动机运转时进行调试工作，应注意安全，防止风扇叶片伤人。在室内起动发动机进行检查调整时，应打开门窗，使空气畅通，必要时可将排气管接出室外，避免中毒。

（8）搬动蓄电池时要轻拿轻放，不可歪斜，以免电解液溅到衣服或皮肤上。

（9）在旋转部位作业要格外小心，手及工具物件放在什么地方都要看清楚。

（10）使用燃料及可燃液体时严禁火源，同时每个人都要学会灭火器材的使用。凡油料流落地面，必须尽快清洁干净，以防止人员滑倒造成伤害。

3. 作业后

汽车修理结束后，修理人员要及时整理、清点工具，打扫场地卫生，滴落在地面的油、水要及时清理干净，做到"工完料尽场地清"。下班前，当日值班人员一定要切断一切设备的电源，关好门窗后方可离开。

（二）维修安全的重要性

进入汽车维修车间工作，无论是什么工种、什么岗位，都必须注意安全生产（包括人身与设备的安全）。落实安全措施、实行安全生产是企业经济效益和质量的保证。

安全事故的发生往往伴随着巨大的损失和负面影响，也就意味着生产成本的提高。从一定意义上说，安全就是效益，在日常工作中要着重加强职工的安全意识培养，时刻提醒，处处强调，使修理人员在日常工作中习惯性地将安全意识作为一切工作的主导意识；严格执行企业各项安全制度，最大限度地避免安全责任事故。

二、汽车维修安全的标志

（一）安全防护标志

动画 2-2　常见的安全标志

工作人员可得到安全工作所需的任何防护装置，要做的就是正确佩戴或使用这些装置，参见表 2-1。

表 2-1　汽修生产安全防护装置正确佩戴和使用

项目名称	内容	图示
头部防护装置	在停于坡道的汽车下工作时应使用头部防护装置，防止因工具或物体掉落而受伤	

续表

项目名称	内容	图示
眼睛防护装置	在有飞溅火花或打磨/钻孔产生粉尘的区域工作时应使用眼睛防护装置	
耳朵防护装置	在噪声环境下工作时应使用耳朵防护装置。如果必须大声喊叫，3 m以外的对方才能听见，则表明环境噪声过大，需要使用耳朵防护装置	
手防护装置	处理锋利或高温材料时，使用正确类型的手套可防止割伤或烫伤	
呼吸道防护装置	某些工作会产生粉尘或涉及使用会释放烟雾的材料时应该使用正确的面具，防止吸入粉尘或烟雾	
脚防护装置	劳保靴应该适合于从事的工作，鞋底应该防滑，脚趾部位应有防压铁头	

（二）危险警告标志

部分汽车部件件身上带有警告标志的标签。对于所警告的内容，必须严格遵守。表2-2所示为几种最常见的警告识别标记及其说明。

动画2-3 识别常见的危险标识

表2-2 汽修生产安全警告标签

危险警告内容	标签图示
部件或总成贴有带"闪电箭头"的警告三角形和打开书本的标志，警告带有高压电。在发动机运转或点火开关接通时切勿触碰这些部件	
识别汽车是否使用含有石棉的零件和备件	
汽车上贴有删除一根点着火柴的圆圈警示标志，表示禁止在附近使用明火或火焰，因为存在高度易燃或易爆的液体或蒸气	

续表

危险警告内容	标签图示
警告该部件含有腐蚀性物质	
警告附近存在易爆物质	

任务二 汽车维修作业中的不安全因素及防范措施

一、汽车维修作业中的不安全因素

（一）安全性分析

汽车的维修要有特定的汽车维修用场地，通过专业的人员采用特定的工具，依据汽车维修的工序对汽车进行故障的修理。因此，在维修过程中，维修场地安全与否、相关工作人员的操作规范与否、所使用的工具质量的好坏等，都会在一定程度上影响汽车维修过程中的安全性。

（二）不安全因素

1. 汽车维修场地的不安全因素

汽车维修过程中的场地，指的是在维修过程中所处的环境条件，其包含有汽车维修车间、喷漆车间和钣金车间等场所。而场地安全与否，和维修工作的顺利开展及相关作业人员的人身安全有着密切的关联性。在实际的维修作业中，场地还存在着一些不安全因素。

（1）不少的维修单位把待修汽车大量地存放在场地之中，或者将待修车辆随意地进行摆放，会导致汽车维修厂呈现较为杂乱的状态，同时，较多的维修车辆集中、杂乱存放，会导致很多安全问题的发生。例如，汽车维修时，对其中一辆车的蓄电池进行充电作业，会有较多的氢气产生，同时氢气属于极易燃烧的气体，如果充电中蓄电池的极柱有火花出现，极易引发火灾，甚至使车辆发生爆炸。若是将车辆集中的存放在场地中，则当其中某个汽车发生火灾时，会蔓延至其他车辆，使火灾更为严重，并造成极大的经济损失。

（2）不少的汽车维修场地面积较小，且通风不够顺畅，所使用的工具物品在场地中杂乱放置，这些现象会带来极大的安全隐患。例如，在汽车机电维修过程中，发动机会处于怠速运转状态，从而排放出较多的废气，而所排放的废气之中也有大量的 NO_x、HC 等有害物质，会对维修人员的自身安全带来极大的威胁。如果维修场地未做好通风换气工作，极易导致工作人员出现中毒现象，严重地威胁到维修人员的生命安全。

2. 和维修人员有关联的不安全因素

在汽车维修过程中，作业人员的操作如果不规范，会对汽车维修的品质以及整个过程的安全性带来极大的影响。若是进行汽车维修，作业人员没有依据规范操作进行，从而致使汽车维修质达不到要求，在进行试车过程中就会出现很多问题。例如，不少的维修作业人员在进行汽车维修的场地内吸烟，或者将所使用的工具随意堆放，便给汽车维修理下了极大的安全隐患。

3. 和维修设备有关联的不安全因素

在进行车辆修理的过程中，会用到汽车举升设备、黄油枪设备以及装卸设备等各种维修设备，而要使维修工作可以顺利开展，应当先确保所使用设备的质量。所以，应当对所使用的维修设备进行严格的检查，避免由于维修设备及工具发生故障，从而导致汽车维修中不安全因素的产生。例如，在进行汽车维修的过程中，绝大多数会用到千斤顶这一工具，而且通常使用的是液压式千斤顶，其可以把汽车或者一些较重的物体举升到一定的高度。当千斤顶举升汽车之后，维修人员会在车辆的下方进行相关的维修工作。而如果此时千斤顶有质量问题产生，将会对作业人员的生命产生直接的威胁。很多汽车维修单位为了节约成本，所使用的维修设备及工具均较为陈旧、老化，并未及时地对设备进行更换。但是，陈旧、老化的维修设备有较多的隐患存在，经常会导致各种安全事故的发生。

4. 和维修流程有关联的不安全因素

在进行汽车维修的过程中，应当依据相关的规范要求及作业流程进行，维修人员不能私自对流程进行更改。不过，很多维修人员在进行车辆维修时，未能掌握相关流程，对作业过程中的具体要求不甚了解，未依据有关流程进行作业，极易导致车辆维修不当的问题出现。另外，在进行车辆维修时，其流程包含接待工作、诊断工作、施工工作、检验工作以及试车与交车工作等。所以，若想将维修工作做好，确保整个工序的安全性，就应当保证在维修过程中所有工序均处于安全状态之下。不过，车辆维修的工序流程相对烦琐，在进行维修的过程中极易发生顾此失彼的问题，从而易导致安全问题的发生。

二、确保汽车维修生产中的安全措施

（一）导语

由于汽车维修所涉及的工序较为烦琐，每个流程中或多或少地会有一些安全隐患存在，而且，对汽车维修安全性产生影响的因素也较多。所以，在进行维修作业时，要将安全生产贯穿于所有工序之中，并制定科学、有效的防范措施，以保障整个过程的安全性。

（二）汽车维修生产中的安全措施

1. 完善安全作业体系，发挥强制性作用

（1）建立并逐步完善相关的安全体系。完善相关的安全体系是进行汽车维修时确保整个过程处于安全管控状态之下的保证。维修单位应当完善

视频 2-4　生产
车间安全知识

相关作业制度，并建立健全和维修作业有关的其他规章。例如，建立健全作业人员操作规范、实行持证上岗制度、推行责任细分制度等，以确保整个过程中所有的影响因素均可以被有效地规范与控制。

（2）形成安全监督制度。在进行车辆维修过程中，有非常多的不安全因素存在，而若想使各种影响因素被有效地管控，应当制定非常全面的监督制度，分设专人进行安全作业的监管工作，对整个过程中的人员操作、设备使用以及工具堆放等所有的影响因素加以监督，找出维修过程中所存在的安全隐患，并将隐患及时消除于萌芽状态。

（3）将责任细分。由于车辆维修工作涉及的工序相当多，同时不同的工序中操作人员以及作业量均较多，若要使整个工序在维修时有安全保证，就应当形成责任制，明确不同部门、不同人员的具体责任，如此更加有利于对安全隐患的处理，同时也非常利于强化相关作业人员的责任意识，确保车辆的维修可以在安全管控状态下完成。

2. 抓重点工作，避免安全事故发生

进行汽车维修时，场地环境、设备工具以及作业人员等不安全因素是导致安全问题的重要方面。因此，若想避免更多事故的出现，应当对一些重点的影响因素加强监控与管理。

3. 和维修场地有关联的安全措施

确保场地环境的有序性，是保障安全的关键环节，而若想确保场地的安全性，则应当做好以下工作。

（1）对各个车间进行科学的布局。

对作业位置以及汽车通道进行合理的布设，安装车辆通行减速带，标明维修车辆的移动路线，在通道的转角处加设反光镜，同时强化对相关车辆及人员的进出管理工作。

（2）确保场地的通风性良好。

要确保整个场地拥有良好的通风、排气条件，在喷漆场所加设专门排气管道，把喷漆作业时所形成的有害气体及时排出，为作业人员的人身健康提供保障。汽车蓄电池在进行充电的过程中会产生一定量的氢气，在钣金作业时会有部分乙炔气体发生泄漏问题，而通过安装通风装置能够确保场地中有害、易燃等气体的含量，以保证场地环境的安全性。

（3）设备工具的存放规范化。

当设备及工具使用完之后，应当将其依据规定存放到指定的位置，这样可以保证下次使用时容易找到，同时也可以防止由于设备工具的随意存放而导致的意外发生。

4. 和维修作业人员有关联的安全措施

要保证作业人员具备相应的安全素养，才可以确保整个维修过程的安全性。汽车维修单位不仅应当强化相关作业的规章与制度，同时也要加强对作业人员专业知识与技能的培训。首先，应当让作业人员对维修场地的环境、不同岗位易发生的安全事故等加以了解。同时，采取培训的方法，不断地强化作业人员自身的安全理念，加强对作业人员安全知识

与逃生技能的培训。其次，把安全知识和技能与作业人员的切身利益相联系，以激发作业人员安全操作的能动性与积极性。

5. 和维修设备有关联的安全措施

要强化对相关维修设备及工具的维护工作，并将维护与检查过程详细记录，找出设备工具使用时所存在的安全隐患，采取一定的措施加以处理；加设安全保护装置，以确保设备在使用过程中的安全性。

视频 2-5 汽车高压电器维修安全防护

（三）结语

在进行汽车维修的过程中，会涉及汽车设备的维修、所用到的维修工具、接触需要维修的汽车以及维修中与维修后的试车工作等因素，在每一个操作过程中都会有不同的不安全因素存在，如果未采取一定的措施加以预防与管控，将极有可能导致重大的安全事故发生。所以，应当制定科学、合理的防范管控措施，在确保汽车得到维修的同时，保障整个过程的人身、财产以及设备的安全，从而使维修工作可以顺利开展，为维修企业赢得更大的经济效益。

视频 2-6　生产车间 VR 应急疏散逃生

任务三　汽车维修中的 5S 管理

动画 2-7　5S 知多少

一、何为 5S

5S 就是指整理（SEIRI）、整顿（SEITON）、清扫（SEISO）、清洁（SEIKETSU）、素养（SHITSUKE）五个项目，因日语的拼音均以"S"开头，英语也是以"S"开头，所以简称 5S。

二、5S 管理

动画 2-8　整理　　动画 2-9　清扫

（一）方针及目标

5S 起源于日本，即通过规范现场、现物，营造一目了然的工作环境，培养员工良好的工作习惯，其最终目的是提升人的品质。

1. 方针及目的

推行方针：规范现场、现物，全面提升职工的品质。

目的：培养具有好习惯、遵守规则的员工，提高员工的文明礼貌水准，营造团体精神。

（1）革除马虎之心，养成凡事认真的习惯，认认真真地对待工作中的每一件"小事"。

（2）遵守规定的习惯。

（3）自觉维护工作环境整洁明了的良好习惯。

（4）文明礼貌的习惯。

2. 注意

长期坚持，才能养成良好的习惯。

（二）5S 管理实施

5S 实施可分为维修准备阶段、维修阶段和维修结束阶段 3 个阶段。

1. 维修准备阶段的 5S

（1）维修人员着装干净整洁，对工作台、作业现场等实施 5S 作业。

（2）根据本次作业内容要求，准备好常用工量具、专用工具、零配件或耗材、维修资料等物品。

（3）将各类物品分类放在工作台、工具车、零件盘等合适位置或区域，为维修阶段做准备。

2. 维修阶段的 5S

（1）随着维修流程的进行，将拆卸下来的零件分类摆放在指定地方，有装配要求的零件要分组并做好记号，如配气机构零件和活塞连杆组零件要分组摆放且标明缸号和区分进排气门等。

（2）对拆卸下来的零件进行清洗并分组摆放。

（3）对零件进行检验时应确保工具顺序取用摆放好的零件并逐一进行装配，确保零件清洁，特别是零件工作表面清洁。

（4）在维修过程中 5S 要随时做，落地油水要迅速擦拭干净（防止地面溜滑），作业中用完的工量具要在做好清洁卫生后放在规定的位置，不要等到整个维修作业做完后或工作台上工量具很多了才做 5S。

（5）手套抹布要随时更换，在使用工量具、维修资料时要保证手是干净的。

（6）维修过程中的废料（废油、废水、废件）要专门收集或摆放。

3. 对维修结束阶段的 5S

（1）维修车辆或总成的清洁。

（2）废料（废油、废水、废件）的处置（放到该放的位置）。

（3）维修场所内的工具设备整理、清洁并放置好。

（4）地面的清扫等。

（三）5S 的效用

1. 5S 是最佳推销员（Sales）

被顾客称赞为干净整洁的工厂，对这样的工厂有信心，乐于下订单且口碑相传，会有很多人来工厂参观学习，整洁明朗的环境会使大家希望到这样的工厂工作。

2. 5S 是节约家（Saving）

可降低很多不必要的材料以及工具的浪费，减少"寻找"的浪费，节省很多宝贵的时

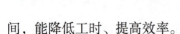

间，能降低工时、提高效率。

3. 5S 对安全有保障（Safety）

宽广明亮、视野开阔的职场，流物一目了然，遵守堆积限制，危险处一目了然、走道明确，不会造成杂乱情形而影响工作的顺畅。

4. 5S 是标准化的推动者（Standardization）

大家都正确地按照规定执行，任务程序和品质均较稳定，成本也安定。

5. 5S 形成令人满意的职场（Satisfaction）

明亮、清洁的工作场所，员工动手做改善，有成就感，能造就现场全体人员进行改善的气氛。

项目三

汽车常用工量具和设备的使用

概述

    汽车在修理过程中经常会用到各种工具、各种量具及各种仪表设备，这就要求学生要了解汽车常用工具、量具及仪表设备的功能和用法，还要能正确选择合适的工具、量具和仪表设备进行相关的作业，并注意培养良好的工作习惯，例如保持工具、量具和仪表设备的有序放置、用后清洁和涂油保养，等等。

    在本项目中我们主要针对汽车常用工具、汽车常用量具和汽车常用仪表设备的使用这三个任务进行学习。

学习要求

知识目标	能力目标	权重
1. 掌握汽车常用工具的功能和用法；	1. 能正确使用汽车常用工具；	30%
2. 掌握汽车常用量具的功能和用法；	2. 能正确使用汽车常用量具；	30%
3. 掌握汽车常用仪表设备的功能和用法	3. 能正确使用汽车常用仪表设备	40%

任务一　汽车常用工具的使用

一、情境描述

一辆北京现代悦动轿车的发动机有严重的敲缸声，发动机的大小瓦烧蚀严重，并且曲轴严重磨损，这个发动机需要拆卸下来进行大修，那么要完成这个任务，我们首先要掌握汽车常用工具的使用等相关知识。

二、相关知识

汽车维修常用工具包括扳手、钳子及螺丝刀等。

（一）扳手

扳手是汽车修理中最常用的一种工具，主要用于扭转螺栓、螺母或带有螺纹的零件。如果扳手选用不当或使用不当，不但会造成工件和扳手损坏，还可能引发危及人身安全方面的事故。因此，正确地选用和使用扳手尤为重要。

扳手种类繁多，常见的有套筒扳手、梅花扳手、开口扳手和活动扳手等。在拆卸螺栓时，应按照"先套筒扳手、后梅花扳手、再开口扳手、最后活动扳手"的选用原则进行选取，如图 3 - 1 所示。

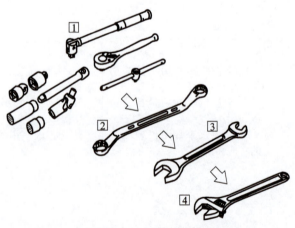

图 3 - 1　扳手的选用原则
1—套筒扳手；2—梅花扳手；3—开口扳手；4—活动扳手

在选用扳手时，要注意扳手的尺寸，尺寸是指它所能拧动的螺栓或螺母正对面间的距离。例如扳手上标示有 22 mm，即此扳手所能拧动螺栓或螺母棱角正对面间的距离为 22 mm。

现在常见的工具都有公制、英制两种尺寸单位。公制和英制之间的换算关系为 1 mm = 0.039 37 in。

禁止使用一种单位系统的扳手旋动另外一种单位系统的螺栓或螺母。

1. 开口扳手

（1）开口扳手的结构特点。开口扳手两头均为 U 形的钳口，可套住螺栓或螺母六角的两个对向面。开口扳手主要用于无法使用套筒扳手和梅花扳手操作的位置。如有些螺栓或螺母必须从横侧插入，此时开口扳手可以做到，而其他扳手则不行，如图 3-2 所示。

开口扳手的钳口与手柄存在一定的角度，这样可以通过反转开口扳手来增加适用空间，如图 3-3 所示。

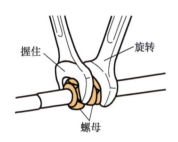

图 3-2　开口扳手的使用方法（一）

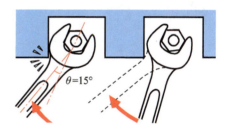

图 3-3　开口扳手的使用方法（二）

（2）开口扳手的选用。当选择开口扳手时，要根据螺栓头部的尺寸来确定合适的型号，并确保钳口的直径与螺栓头部直径相符、配合无间隙，然后才能进行操作。

不能在扳手手柄上套管，否则会损害扳手。扳手不能提供较大扭矩，因此不能用于最终拧紧。禁止将开口扳手当撬棍使用，否则会损坏工具。

2. 梅花扳手

（1）梅花扳手的结构特点。梅花扳手两端呈花环状，其内孔是由两个正六边形相互同心并错开 30° 而成。很多梅花扳手都有弯头，常见的弯头角度在 10°~45°，从侧面看旋转螺栓部分和手柄部分是错开的。这种结构便于拆卸装配在凹陷空间的螺栓、螺母，并可以为手指提供操作间隙，以防止擦伤。

视频 3-1　梅花扳手变成万能扳手

（2）梅花扳手的使用方法。在使用梅花扳手时，左手推住梅花扳手与螺栓连接处，保持梅花扳手与螺栓完全配合，防止滑脱，右手握住梅花扳手另一端并加力。扳手转动 30° 后即可更换位置，特别适用于拆装处于空间狭小位置的螺栓和螺母。

梅花扳手可将螺栓、螺母的头部全部围住，因此不会损坏螺栓角，可以施加大力矩，如图 3-4 所示。

由于扳手是有角度的，因此可用于在凹陷空间或在平面上旋转螺栓和螺母，如图 3-5 所示。

严禁锤击扳手以增加力矩，否则会造成工具损坏；严禁使用带有裂纹或内孔已经严重磨损的梅花扳手；严禁通过将加长的管子套在扳手上来延伸扳手长度以增加力矩。

图 3-4　梅花扳手的使用方法（一）

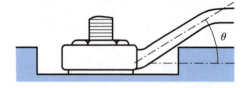

图 3-5　梅花扳手的使用方法（二）

3. 成套的套筒扳手

视频 3-2　中国
新出的万能套
筒扳手

1）套筒头的规格和类型

套筒扳手是拆卸螺栓最方便、灵活而且安全的工具，使用套筒扳手不易损坏螺母的棱角。一般根据工作空间大小、扭矩要求和螺栓或螺母的尺寸选用合适的套筒头。

（1）根据尺寸大小，套筒头有大和小两种，如图 3-6 所示，大的一种可以获得比小的一种更大的扭矩。

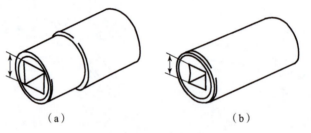

（a）　　　　　　　　　　　（b）

图 3-6　套筒头的尺寸
（a）大尺寸套筒头；（b）小尺寸套筒头

（2）根据钳口形状分类有双六角形和六角形两种，如图 3-7 所示。六角部分与螺栓/螺母的表面有很大的接触面，这样就不容易损坏螺栓/螺母的表面：双六角形套筒各角之间只间隔 30°，可以很方便地套住螺栓，适合于在狭窄的空间中拆卸螺栓。

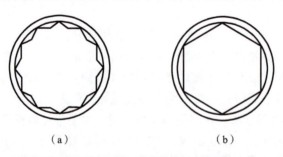

（a）　　　　　　　　　　　（b）

图 3-7　套筒头钳口的两种形状
（a）双六角形；（b）六角形

双六角形套筒不能拆卸大扭矩或棱边已经磨损的螺栓，因为它与螺栓的接触面小，容易损坏螺栓的棱角或出现滑脱事故。

2）套筒接合器

套筒接合器也叫套筒转换接头，即将现有的不同尺寸规格的手柄和套筒配合使用，例如 10 mm 系列的手柄接 12.5 mm 系列的套筒或者 12.5 mm 系列的手柄接 10 mm 系列的套筒等都需要接合器。套筒接合器有两种，一种是"小"→"大"，另外一种是"大"→"小"，如图3-8所示。

套筒接合器在使用过程中必须控制扭矩的大小。因为套筒和手柄经过转换后，并不是同一尺寸范围，而如果按照原来的尺寸施加力矩，则会损坏套筒或手柄，如图3-9所示。

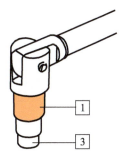

图3-8 套筒接合器的使用方法

1—套筒接合器（"大"→"小"）；2—套筒接合器（"小"→"大"）；3—小尺寸套筒；4—大尺寸套筒

图3-9 套筒接合器使用的注意事项

3）万向接头

万向接头的方形套头部可以前后或左右移动，配套手柄和套筒之间的角度可以自由变化，如图3-10所示。其工作原理与前置后驱汽车传动轴使用的万向节基本相同。

套筒扳手与配套手柄是垂直连接的，但车辆上很多地方套筒是无法伸入的，这时万向接头将提供最大的方便，它可以提供比可弯式接头更大的变向空间，如图3-11所示。

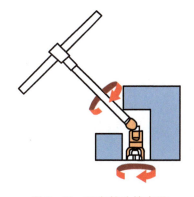

图3-10 万向接头结构

图3-11 万向接头的应用

使用万向接头时，不要使手柄倾斜较大角度来施加扭矩，如图3-12所示，应尽可能在接近垂直状态下使用，因为偏角过大会使扭矩的传递效率降低。使用气动工具时严禁使用万向节，因为球节不能吸收旋转摆动，会发生脱开情况，造成工具、零件或车辆损坏，甚至造成人身伤害。

4）接杆

接杆也称延长杆或加长杆，是套筒类成套工具不可缺少的一部分。日常汽车维修工作中，有75 mm、125 mm、150 mm和250 mm等不同长度的接杆供选用，即常说的长接杆和短接杆。

接杆的主要作用是加装在套筒和配套手柄之间，用于拆卸和更换装得很深、仅凭套筒和手柄无法接触的螺栓、螺母,如图3-13所示。

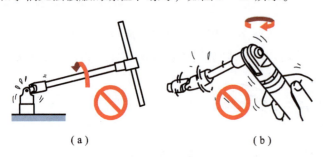

图3-12 使用万向节时注意事项

(a)手柄不要倾斜角度过大;(b)使用气动工具时禁止使用万向节

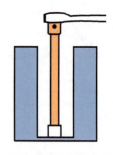

图3-13 接杆的使用方法(一)

另外,在拆卸平面上的螺栓、螺母时,工具会紧贴在操作面上,妨碍正常拆卸,甚至会产生安全事故,而接杆可将工具抬离平面一定高度,以便于操作,如图3-14所示。

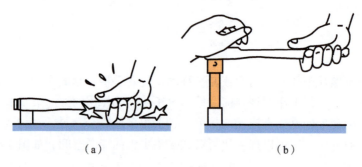

图3-14 接杆的使用方法(二)

(a)不合理的操作;(b)接杆的作用

有很多接杆经过改进后具有特殊功能,如转向接杆和锁定接杆等。所谓转向接杆,是指普通接杆与套筒连接的方榫部,经过改进再装上套筒后会产生10°左右的偏角,因而使用非常方便;锁定接杆具有套筒锁止功能,即在使用过程中可固定套筒或万向接头,以免发生掉落。注意:禁止把接杆当冲子使用。

5)手柄

(1)滑杆也称滑动T形杆,是套筒专用配套手柄,横杆部分可以进行滑动调节。通过滑动方榫部分,手柄可以有两种使用方法,如图3-15所示。方榫位置在一端,形成L形结构,从而增加力矩,达到拆卸或紧固螺栓的目的,与L形扳手类似;方榫部分在中部位置,形成T形结构,两只手同时用力,可以增加拆卸速度,但要求的工作空间很大。

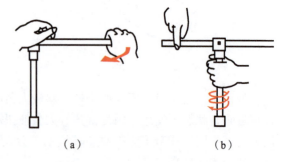

图3-15 滑竿行手柄的使用方法

(a)L形手柄;(b)T形手柄

(2)旋转手柄也称摇头手柄或扳杆,可用于拆下或更换要求大扭矩的螺栓或螺母,也可在调整好手柄后进行迅速旋转,如图3-16所示。但手柄很长,很难在狭窄空间下使用。旋转手柄头部可以做铰式移动,这样即可根据作业空间要求调整手柄的角度。

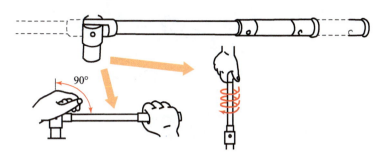

图 3 – 16　旋转手柄的使用方法

（3）棘轮手柄是最常见的套筒手柄，如图 3 – 17 所示。套筒手柄是装在套筒上用于扳动套筒的配套手柄，如果没有配套手柄，套筒将无法独立工作。

棘轮手柄头部具有棘轮装置，在不脱离套筒和螺栓的情况下可实现快速单方向的转动。通过调整锁紧机构可改变其旋转方向：将锁紧机构手柄调到左边，可以单向顺时针拧紧螺栓或螺母；将锁紧机构手柄调到右边，可以单向逆时针松开螺栓或螺母，如图 3 – 18 所示。

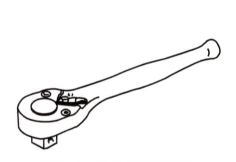

图 3 – 17　棘轮手柄外部形状

图 3 – 18　棘轮的换向功能
1—拧松；2—拧紧

棘轮手柄使用方便但不够结实，故不要使用棘轮扳手对螺栓或螺母进行最后的拧紧。另外，严禁对棘轮手柄施加过大的扭矩，否则会损坏内部的棘爪结构。

有些专业棘轮扳手设计有套筒锁止及快速脱落功能，只需单手操作，可防止在使用过程中套筒或接杆脱落。使用时，按下锁定按钮，将套筒头套入棘轮扳手的方榫中，松开锁定按钮，套筒即被锁止，如再次按下锁定按钮，即可解除套筒锁定。

（4）扭力扳手主要用于有规定扭矩值的螺栓和螺母的装配，如气缸盖、连杆和曲轴主轴承等处的螺栓。

常用的扭力扳手有指针式和预置力式两种，如图 3 – 19 所示。

①指针式扭力扳手结构相对比较简单，其数值可通过刻度盘读出。汽车维修中常用扭矩扳手的规格为 300 N·m，使用指针式扭力扳手时应注意左手在握住扳手与套筒连接处时，不要碰到指针杆，否则会造成读数不准。

②预置力式扭力扳手可通过旋转手柄预先调整设定扭矩，达到设定扭矩时该扳手会发出警告声以提示用户。当听到"咔哒"声响后，应立即停止旋力以保证扭矩正确，当扳手设在较低扭力值时，警告声可能很小，所以应特别注意。

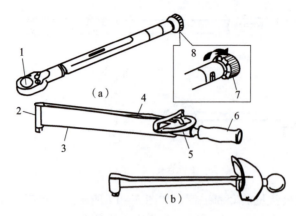

图 3 – 19　常用扭力扳手

（a）预置力式扭力扳手；（b）指针式扭力扳手

1—棘轮机构；2—头部；3—横梁；4—指针；5，8—刻度；6—旋转手柄；7—套筒

4. 活动扳手

1）活动扳手结构特点

活动扳手也叫可调扳手，适用于尺寸不规则的螺栓、螺母，它能在一定范围内任意调节开口尺寸，如图 3 – 20 所示。一个可调扳手可用来代替多个开口扳手。活动扳手由固定钳口和可调钳口两部分组成，扳手的开度大小通过调节螺杆进行调整。

视频 3 – 3　这种活动扳手为什么不会伤螺母

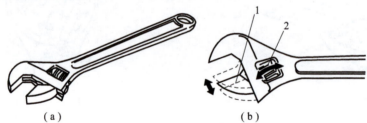

图 3 – 20　活动扳手及调节机构

（a）活动扳手；（b）调节机构

1—调节钳口；2—调节螺杆

2）活动扳手的使用方法

使用活动扳手时应先将活动扳手调整合适，使活动扳手钳口与螺栓、螺母两对边完全贴紧，不应存在间隙。使用时，要使活动扳手的可调钳口部分受推力、固定钳口受拉力，只有这样施力才能保证螺栓、螺母及扳手本身不被损坏，如图 3 – 21 所示。如果不按照这

操作指导　　　　　　　　　注意

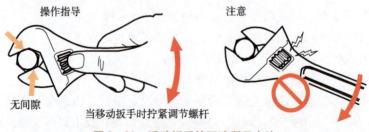

无间隙

当移动扳手时拧紧调节螺杆

图 3 – 21　活动扳手的正确所示方法

种方法转动扳手，则会使压力作用在调节螺杆上，在施力时促使钳口变大，从而损坏螺栓、螺母的棱角和扳手本身。

使用时，严禁在扳手上随意加装套管或锤击活动扳手，严禁将活动扳手当作锤子来使用，否则会使活动扳手损坏。

（二）钳子

钳子主要用于弯曲小的金属材料及夹持扁形或圆形零件和切断软的金属丝等。

在汽车维修中，常用的钳子有钢丝钳、鲤鱼钳、尖嘴钳、斜嘴钳、水泵钳、卡簧钳、大力钳和管钳等。

应根据在汽车维修中所要达到的不同目的来选用不同种类的钳子，并且还要考虑工作空间的大小等因素。

1. 钢丝钳

钢丝钳是最常见的一种钳子，它可以用来切断金属丝或夹持零件。

使用钢丝钳时，应用手握住钳柄后端，使钳口开闭，钳口前端主要用于夹持各种零件，根部的刃口可用来切割细导线。当钢丝钳切断较硬的钢丝等物体时，禁止使用锤子击打钳子来增加剪切力，否则会损坏钢丝钳。

2. 尖嘴钳

尖嘴钳的结构如图 3-22 所示，钳口长而细，特别适合在狭窄空间内使用。当在狭窄的空间中钢丝钳无法满足工作条件时，可用尖嘴钳代替，如图 3-23 所示。

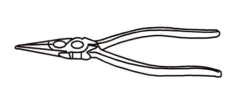

图 3-22 尖嘴钳的结构

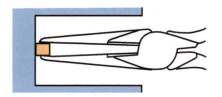

图 3-23 尖嘴钳的作用

严禁对尖嘴钳的钳头部施加过大的压力，否则会使尖嘴钳的钳口尖部扩张成 U 形。

3. 鲤鱼钳

鲤鱼钳也称鱼嘴钳，主要用于夹持、弯曲和扭转工件。鲤鱼钳的手柄一般较长，可通过改变支点上槽孔的位置来调节钳口张开的程度。在用钳子夹持零件前，必须用防护布或其他防护罩遮盖易损坏件，如图 3-24 所示，以防止锯齿状钳口对易损件造成伤害。

图 3-24 鲤鱼钳使用的注意事项

4. 斜口钳

斜口钳也叫作剪钳，主要用于切割金属丝或导线。斜口钳的钳口有刃口，而且尖部为圆形，不具备夹持零件的作用，只能用于切割金属丝或导线。

斜口钳可以剪切钢丝钳和尖嘴钳不能剪切的细导线或线束中的导线，但是严禁用来切割硬的或粗的金属丝，以免损坏刃口。

（三）螺丝刀

螺丝刀又称改锥或起子，主要用于旋拧小扭矩且头部开有凹槽的螺栓和螺钉。

螺丝刀的类型取决于本身的结构及尖部的形状，常用的有一字螺丝刀和十字螺丝刀。一字螺丝刀用于旋拧单字槽头的螺钉，十字螺丝刀用于旋拧十字槽头的螺钉，如图3-25所示。

尖部形状相同的螺丝刀，尺寸也不完全一样。在汽车维修中经常用到头部尺寸是2号的螺丝刀，但也有更大一点的3号和更小一点的1号，甚至还有更小的微型螺丝刀。

选用螺丝刀时，应先保证螺丝刀头部的尺寸与螺钉的槽部形状完全配合，选用不当会损坏螺丝刀。选用时应先大后小，即先选择3号，如3号不合适，再依次选择2号、1号。

如果螺丝刀的头部太厚，则不能落入螺钉槽内，否则易损坏螺钉槽；如果螺丝刀的头部太薄，则使用时头部容易扭曲。

使用螺丝刀时，应右手握住螺丝刀，手心抵住柄端，螺丝刀与螺钉的轴心必须保持同轴，压紧后用手腕扭转，拆卸时螺钉松动后用手心轻压螺丝刀，并用拇指、食指和中指快速旋转手柄，如图3-26所示。

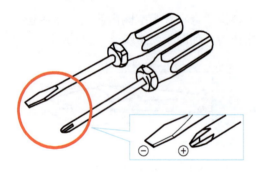

图3-25　螺丝刀的外形结构

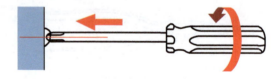

图3-26　螺丝刀的正确使用方法

另外，在使用过程中，要尽量避免将螺丝刀当撬棒用，否则会造成螺丝刀的弯曲甚至断裂；禁止将普通螺丝刀当作錾子使用（通心式螺丝刀除外），否则会造成头部缩进手柄内或断裂、缺口。

三、任务实施

（一）任务实施环境

器材及工具准备：
（1）实训工具。
（2）实训车辆。

（二）任务实施流程

实训分析：通过实训车辆的故障选择合适的工具，如各种扳手、各种钳子及各种螺丝刀。

（三）任务实施步骤

（1）查看实训故障车辆，选择合适的扳手进行操作。
（2）查看实训故障车辆，选择合适的钳子进行操作。
（3）查看实训故障车辆，选择合适的螺丝刀进行操作。

四、拓展知识

汽车维修工具箱

　　随着人们生活水平的不断提高，汽车成为人们出行的首选。现代很多家庭都有汽车，但是我们也经常碰到烦心的事情。汽车有可能在半路上坏了，这时如果堵车，就算打电话叫了拖车也只能干着急。所以很多人会选择在汽车上放一个工具箱，这个工具箱里面就有很多的维修工具，可以应急。下面就介绍一下这种汽车维修工具箱。

　　汽车维修工具箱是用来存放汽车维修工具的一种箱体容器，汽车用品和服务市场越来越呈现细分化，汽车维修工具箱也呈现出多种多样的形态。

　　汽车维修工具箱里面的工具略有不同，人们可以根据需要调整更换。一般来说包含美工刀片、电讯螺丝批、螺丝刀、棘轮手柄、美工刀、钢丝钳、万能扳手、零件盒、羊角锤、3M 卷尺、内六角扳手、剥线钳、手拉钢锯、测电笔、绝缘胶带和加长批头等，如图 3-27 所示。

图 3-27　标配的工具套装

1—羊角锤；2—3M 卷尺；3—内六角扳手；4—剥线钳；5—手拉钢锯；6—测电笔；7—绝缘胶带；8—加长批头；9—美工刀片；10—电讯螺线批；11—螺丝刀；12—棘轮手柄；13—美工刀；14—钢丝钳；15—万能扳手；16—零件盒；17—工具箱（ABS 工程塑料）

任务二　汽车常用量具的使用

一、情境描述

一辆威驰轿车的发动机大修后，需要用汽车常用的量具进行相关数据的检测。作为维修技工，要完成这个工作任务，首先需要掌握汽车常用量具的使用等相关知识。

二、相关知识

汽车在维修过程中，经常会用到游标卡尺、外径千分尺、百分表、量缸表、卡规及厚薄规等相关量具。

（一）游标卡尺

1. 概述

游标卡尺又称四用游标卡尺，简称卡尺，是由刻度尺和卡尺组合而成的精密测量仪器，如图 3-28 所示，其能从事长度、外径、内径及深度的测量。在汽车维修工作中，0.02 mm 精度的游标卡尺使用最多。

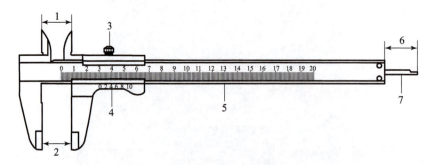

图 3-28　游标卡尺的结构

1—测量爪内径；2—测量爪外径；3—止动螺钉；4—游标尺刻度；
5—主要刻度；6—深度测量；7—深度尺

游标卡尺根据最小刻度的不同分为 0.05 mm 和 0.02 mm 两种。若游标卡尺上有 50 个刻度，则每刻度表示 0.02 mm；若游标卡尺上有 20 个刻度，则每刻度表示 0.05 mm。

有些游标卡尺使用电子读数显示小数部分，这种标尺的测量精度可达到 0.005 mm 或

0.001 mm。

常用的游标卡尺的测量范围是 0 ~ 150 mm，应根据所测零部件的精度要求选用合适规格的游标卡尺。

游标尺刻度是将 49 mm 平均分为 50 等份。主刻度尺是以毫米来划分刻度的，即将1 cm 平均分为 10 个刻度，在主刻度尺的厘米刻度线上标有数字 1、2、3 等，表示为 1 cm、2 cm、3 cm 等。

2. 游标卡尺的读数

如图 3 – 29 所示的游标卡尺的精度为 0.02 mm，读数时首先读出游标零线左边与主刻度尺身相邻的第一条刻线的整毫米数，即测得尺寸的整数值，主尺上的读数为 23.00 mm。再读出游标尺上与主刻度尺刻度线对齐的那一条刻度线所表示的数值 17，17 × 0.02 mm = 0.34 mm，即测量值的小数，则副尺上的读数为 0.34 mm。

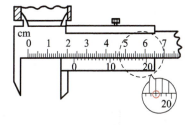

图 3 – 29 游标卡尺的读数

把从尺身上读得的整毫米数和从游标尺上读得的毫米小数加起来即为测得的实际尺寸，即 23 + 0.34 = 23.34（mm）。

3. 游标卡尺的使用

1）使用前的检查

使用游标卡尺时应先依照下列事项逐一进行检查：

（1）测定量爪的密合状态：主、副尺的量爪必须完全密合。用量爪在密合状态下能够看到少许光线表示密合良好；反之，如果穿透光线很多，则表示量爪密合不佳。

（2）零点校正：当量爪密切结合后，主、副尺零点必须相互一致。

（3）游标的移动状况：游标必须能够在主尺上轻轻地移动而不会发出声音。

2）测量操作

在从事测量作业之前，必须事先清理测量零件及游标卡尺。在测量外径时，需要将零件深夹在量爪中，如图 3 – 30 所示，然后用右手拇指轻压游标卡尺，同时使测定工件和游标卡尺保持垂直状态。

内径尺寸的测量如图 3 – 31 所示，首先用拇指轻轻拉开副尺，并使主尺量爪与测定物件保持正确的接触，上下晃动，由指示的最大尺寸读取读数。

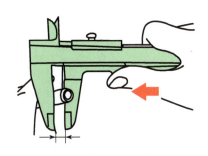

图 3 – 30 零件外径测量方法

图 3 – 31 零件内径尺寸测量方法

此外，用游标卡尺还可以测量汽车零部件的深度。

4. 游标卡尺的维护注意事项

游标卡尺是一种精密的测量工具，若要保持良好的精度，则应小心轻放并妥善保存。

测量前，应将游标卡尺清理干净，并将两量爪合并，检查游标卡尺的精度情况。在使用之后，应清除灰尘和杂物。读数时，要正对游标刻度，看准对齐的刻线，目光不能斜视，以减小读数误差。

游标卡尺用完后应清除污垢并涂上防锈油，将其放回盒子里并放在不受冲击及不易掉下的地方保存。

（二）外径千分尺

视频 3 – 6 外径千分尺的使用

1. 概述

千分尺也称为螺旋测微器，它是利用螺纹节距来测量长度的精密测量仪器，可以用于测量加工精度要求较高的零部件。在汽车维修工作中一般使用可以测至 1/100 mm 的千分尺，即其测量精度可达到 0.01 mm。

外径千分尺是用于外径宽度测量的千分尺，测量范围一般为 0 ~ 25 mm。根据所测零部件外径粗细不同，可选用测量范围为 0 ~ 25 mm、50 ~ 75 mm、75 ~ 100 mm 等多种规格的千分尺，如图 3 – 32 所示。

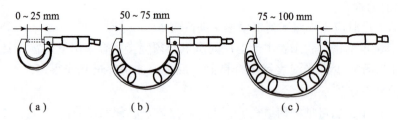

图 3 – 32 大小不同测量范围的外径千分尺
（a）$D = 0 ~ 25$ mm；（b）$D = 50 ~ 75$ mm；（c）$D = 75 ~ 100$ mm

外径千分尺的构造如图 3 – 33 所示，其主要由测砧、测微螺杆、尺架、固定套筒、套管、棘轮旋钮及锁紧装置等部件组成。

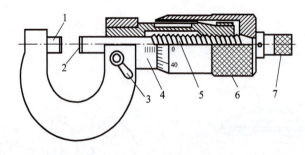

图 3 – 33 外径千分尺的结构和组成
1—测砧；2—轴；3—锁紧装置；4—固定套筒；5—测微螺杆；6—活动套筒；7—棘轮旋钮

固定套筒上刻有刻度，测轴每转动一周即可沿轴方向前进或后退 0.5 mm。活动套筒的外圆上刻有 50 等份的刻度，在读数时每等份为 0.01 mm。

棘轮旋钮的作用是保证测轴的测定压力，当测定压力达到一定值时，棘轮旋钮便会空转。如果测定压力不固定，则无法测得正确尺寸。

2. 外径千分尺的读数

套筒刻度可以精确到 0.5 mm（可以读至 0.5 mm），由此以下的刻度则要根据套筒基准线和套管刻度的对齐线来读取读数。

如图 3-34 所示，固定套筒"A"上的读数为 55.50 mm，活动套筒"B"上的 0.45 mm 刻度线对齐基准线，因此读数是：55.50 mm + 0.45 mm = 55.95 mm。

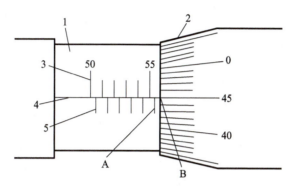

图 3-34 外径千分尺的读数

1—套筒；2—套管；3—1 mm 递增；4—套筒上的基准线；5—0.5 mm 递增

为便于读取套筒上的读数，基准线的上下两方各刻有刻度。

千分尺属于精密的测量仪器，故在测量时应注意以下事项：

（1）使用前确保零点校正，若有误差，则用调整扳手调整或用测定值减去误差。

（2）被测部位及千分尺必须保持清洁，若有油污或灰尘须立即擦拭干净。

（3）测量时应将被测面轻轻顶住砧子，并转动棘轮旋钮及套筒使测轴前进，不可直接转动活动套筒。

（4）测定时应尽可能握住千分尺的弓架部分，同时要注意不可碰及砧子。

（5）旋转后端棘轮旋钮，使两个砧端夹住被测部件，然后再旋转棘轮旋钮一圈左右，当听到发出两三响"咔咔"声后即产生适当的测定压力。

（6）为防止因视差而产生误读，最好让眼睛视线与基准线成直角后再读取读数。

（7）当测量活塞、曲轴轴径之类的圆周直径时，必须保证测轴轴线与最大轴径保持一致（即测试处为轴径最大处）。从横向来看，测轴应与检测部件中心线垂直，只有这样才能保证测试数据正确无误。

3. 外径千分尺的使用及维护注意事项

（1）使用时应避免掉落地面或遭受撞击，如果不小心落地，则应立刻检查并做适当处理。

（2）严禁将外径千分尺放置在污垢或灰尘很多的地方，并且要在使用后将测砧和测轴的测定面分离后再放置。

（3）为防止生锈，使用后须立即擦拭并涂上一层防锈油。保存时应先放置于储存盒内，再置于湿度低、无振动的地方保存。

（三）百分表

百分表是利用指针和刻度将心轴移动量放大来表示测量尺寸的，主要

视频 3-7 使用百分表

用于测量工件的尺寸误差及配合间隙。

一般汽车修理厂采用最小刻度为 1/100 mm 的百分表的居多，同时百分表可以和夹具配合使用。

1. 测量头的种类

百分表的测量头包括 4 种类型，如图 3-35 所示，分别为长型，适合在有限空间中使用；辊子型，用于轮胎的凸面/凹面测量；杠杆型，用于测量不能直接接触的部件；平板型，用于测量活塞凸出部分等。

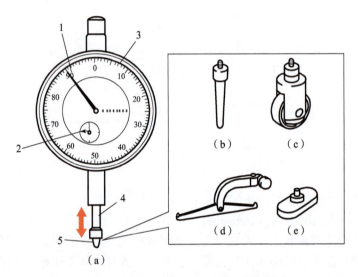

图 3-35　百分表的外形和测量头的类型

(a) 百分表的外形；(b) 长型测量头；(c) 滚子测量头；

(d) 杠杆型测量头；(e) 平板型测量头

1—长指针；2—短指针；3—表盘；4—轴；5—悬挂式测量头

2. 百分表的结构

百分表主要是由尺条和小齿轮装配而成的，其工作原理是：利用尺条和小齿轮将心轴的移动量放大，再由指针的转动来读取测定数值。图 3-36 所示为百分表的内部结构及原理示意图。

百分表是利用指针和刻度将心轴移动量放大来表示测量尺寸的，主要用于测量工件的尺寸误差以及配合间隙。测量头和心轴的移动量带动第一小齿轮转动，再利用同轴上的动齿轮传递给第二小齿轮，于是装置在第二小齿轮上的指针即能放大心轴的移动量而显示在刻度盘上。由于长针每一个回转相当于 1 mm 的移动量，将刻度盘分刻 100 等份，所以测定的移动量可精

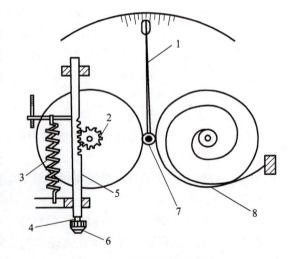

图 3-36　百分表的内部结构

1—指针；2—第一齿轮；3—线圈；4—弹簧；5—齿条；

6—测量头；7—第二小齿轮；8—螺旋弹簧

确到 1/100 mm。

3. 百分表的读数

百分表表盘刻度分为 100 格，量头每移动 0.01 mm，大指针偏转 1 格；量头每移动 1.0 mm，大指针偏转 1 周。小指针偏转 1 格相当于 1 mm。

4. 百分表的使用

视频 3 - 8　百分表的使用

百分表要装设在支座上才能使用。在百分表的支座内部设有磁铁，旋转支座上的旋钮可使表座吸附在工具台上，因而又称磁性表座此外，百分表还可以和夹具、V 形槽、检测平板和顶心台合并使用，从事弯曲、振动及平面状态的测定或检查，如图 3 - 37 所示。

5. 百分表的使用维护注意事项

使用百分表时要注意以下两点：

（1）百分表内部构造和钟表相似，应避免摔落或遭受强烈撞击。

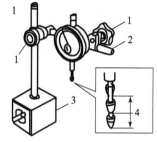

图 3 - 37　百分表的使用方法
1—止动螺钉；2—臂；
3—磁性支架；4—量程中心

（2）心轴上不可涂抹机油或油脂。如果心轴上沾有油污或灰尘而导致心轴无法平滑移动，则应使百分表保持垂直状态，将套筒浸泡在品质极佳的汽油内浸至中央部位，来回移动数次后再用干净的抹布擦拭，即能恢复至原来平滑的情况。

6. 百分表的保存

（1）为防止生锈，百分表使用后应立即擦拭并涂上一层防锈油。

（2）定期检查百分表的精密度。

（3）收藏时先将百分表放在工具盒内，再放置在湿度低、无振动的库房内。

（四）量缸表

视频 3 - 9　量缸表的使用

量缸表也叫内径百分表，是利用百分表制成的测量仪器，也是用于测量孔径的比较性测量工具。在汽车维修中，量缸表通常用于测量气缸的磨耗量及内径。

1. 量缸表的结构

量缸表主要包括百分表、表杆、替换杆件和替换杆件紧固螺钉等。

2. 量缸表的使用

（1）使用游标卡尺测量缸径并获得基本尺寸，如图 3 - 38 所示，利用这些尺寸作为选择合适杆件的参考。

（2）量缸表需要经过装配才能使用。首先根据所测缸径的基本尺寸选用合适的替换杆件和调整垫

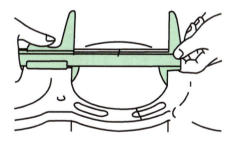

图 3 - 38　使用卡尺获得缸径基本尺寸

圈，使量杆长度比缸径大 0.5 ～ 1.0 mm。替换杆件和垫圈都标有尺寸，根据缸径尺寸可任意组合。量缸表的杆件除有垫片调整外，还有螺旋杆调整式。无论哪种类型，只要将杆件的总长度调整至比所测缸径大 0.5 ～ 1.0 mm 即可。

（3）将百分表插入表杆上部，预先压紧 0.5 ~ 1.0 mm 后固定。

（4）为了便于读数，百分表表盘方向应与接杆方向平行或垂直。

（5）将外径千分尺调至所测缸径尺寸，并将千分尺固定在专用固定夹上，对量缸表进行校零，当大表针逆时针转动到最大值时，旋转百分表表盘使表盘上的零刻度线与其对齐，如图 3 - 39 所示。

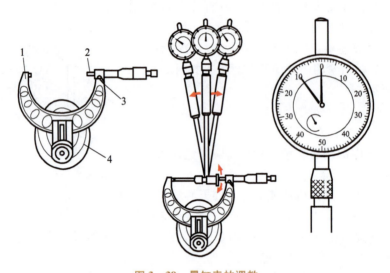

图 3 - 39　量缸表的调教
1—外径千分尺；2—轴；3—固定夹；4—支架

3. 缸径测量

（1）慢慢地将导向板端（活动端）倾斜，使其先进入气缸内，然后再使替换杆件端进入。导向板的两个支脚要和气缸壁紧密配合，如图 3 - 40 所示。

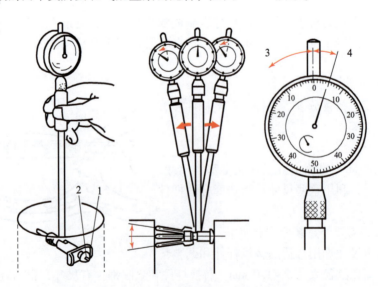

图 3 - 40　缸径的测量
1—导向板；2—探头；3—延长侧；4—收缩侧

（2）在测定位置维持导向板不动，而使替换杆件的前端做上下移动，并观测指针的移动量，当量缸表的读数最小且量缸表和气缸成真正直角时，再读取数据。

（3）读数最小即表针顺时针转至最大时，在测量位置方面需参考维修手册。

（五）卡规

在测量内径很小的配件时，如气门导管等部位，则需要另一种类似于量缸表的量具——卡规，如图 3 -41 所示。

在使用卡规时，应将测量端压缩放入被测物体内，其读数与缸径表相同。当移动吊耳移动 2 mm 时，长指针转动一圈，测量精度为 0.01 mm。

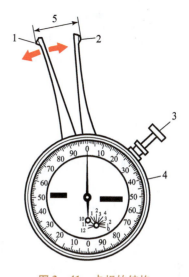

图 3 -41　卡规的结构
1—可移动吊耳；2—固定吊耳；3—移动钮（打开、关闭可移动吊耳）；4—表盘；5—内径

（六）厚薄规

厚薄规又称塞尺或间隙片，如图 3 -42 所示，其是一组淬硬的钢条或刀片，这些淬硬的钢条或刀片被研磨或滚压成为精确的厚度，且通常都是成套供应。

视频 3 -10　厚薄规介绍

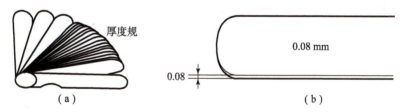

图 3 -42　厚薄规及其规格

每条钢片都标出了厚度（单位为 mm），它们可以单独使用，也可以将两片或多片组合在一起使用，以便获得所要求的厚度，其最薄的一片厚度可以达到 0.02 mm。常用厚薄规长度有 50 mm、100 mm 和 200 mm。

在汽车维修工作中，厚薄规主要用于测量气门间隙、触点间隙和一些接触面的平直度等，如图 3 -43 所示。

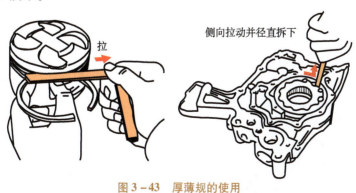

图 3 -43　厚薄规的使用

在使用厚薄规测量时，应根据间隙的大小先用较薄片试插，然后逐步加厚，可以一片或数片重叠在一起插入间隙内，插入深度应在 20 mm 左右。例如，用 0.2 mm 的厚薄规片刚好能插入两工件的缝隙中，而 0.3 mm 的厚薄规片插不进，则说明两工件的接合间隙为 0.2 mm。

测量时，必须平整插入且松紧适度，此时所插入的钢片厚度即间隙尺寸。严禁将钢片用大力强行插入缝隙测量。插入时应特别注意前端，不要用力过猛，否则容易折损或弯曲厚薄规。

使用厚薄规前必须将钢片擦净，还应尽量减少重叠使用的片数，因为片数重叠过多会增加误差。

当厚薄规与一把直尺一起使用时，其可用来检查零件的平直度，如气缸盖的平直度。由于厚薄规很薄，容易弯曲或折断，故测量时不能用力太大，如图 3-44 所示。

用厚薄规测量时应对接合面的全长多处进行检查，取其最大值，即两接合面的最大间隙量；测量后及时将测量片合到夹板中去，以免损伤各金属薄片。

厚薄规上不得有污垢、锈蚀及杂物；厚薄规使用完毕后要将测量面擦拭干净，并涂油，如图 3-45 所示。已发现有折损或标示刻度已经模糊不清的厚薄规应该立即予以更新。

图 3-44　厚薄规使用的注意事项

图 3-45　厚薄规的存放方法

三、任务实施

（一）任务实施环境

器材及工具准备：
（1）实训量具；
（2）实训车辆。

（二）任务实施流程

实训分析：通过实训车辆的故障选择合适的量具，如游标卡尺、外径千分尺、百分表、量缸表、卡规和厚薄规等。

（三）任务实施步骤

（1）查看实训故障车辆，根据故障情况选择合适的量具。

（2）进行测量，读出相关数据。

四、拓展知识

AJR 发动机曲轴的修理尺寸如表 3 - 1 所示。

表 3 - 1　AJR 发动机曲轴的修理尺寸　　　　　　　　mm

尺寸	曲轴主轴承轴颈		连杆轴颈	
标准尺寸	54.00	− 0.022 − 0.042	47.80	− 0.022 − 0.042
第一次缩小尺寸	53.75	− 0.022 − 0.042	47.55	− 0.022 − 0.042
第二次缩小尺寸	53.50	− 0.022 − 0.042	47.30	− 0.022 − 0.042
第三次缩小尺寸	53.25	− 0.022 − 0.042	47.05	− 0.022 − 0.042

任务三　汽车常用仪表设备的使用

一、情境描述

王先生今天早上在维修站向客户经理反映他的悦动轿车电喇叭不响。作为维修技工，需要根据维修手册，使用相关仪器，参考相关资料排除故障，恢复电喇叭的功能，要完成这个工作任务，首先需要掌握汽车常用仪表设备的使用等相关知识。

二、相关知识

动画 3 - 11　万用表的结构

（一）数字式万用表

数字万用表可用来测量交直流电压、交直流电流、电阻、电容和频率等，操作面板如图 3 - 46 所示。

图 3 - 46 数字万用表

1—10 A；2—电容器插口；3—电容标定；4—交流；5—直流；6—电阻标定；
7—开关按钮；8—显示屏；9—晶体管接口；10—晶体管；11—直流电压；
12—交流电压；13—温度表接口；14—温度表；15—插接口－电压－电阻－频率；16—通用（地线）；17—毫安

1. 用途

数字万用表是一种多功能、多量程的测量仪表，一般万用表可测量直流电流、直流电压、交流电流、交流电压、电阻和音频电平，还可以测量交流电流、电容量、电感量及半导体的一些参数（如 β）。

2. 万用表的种类

万用表包括指针式万用表和数字式万用表。

3. 使用方法

（1）使用前，应认真阅读有关的使用说明书，熟悉刀盘、按钮、插孔的作用。

（2）将刀盘拨离"OFF"位置，即开机。

（3）基本测量：根据需要拨到相应位置，并将表笔插入相应的插孔。

（4）表笔端接入电路，进行测量。

视频 3 - 12 万用表的使用

4. 注意事项

（1）注意正确选择量程及红表笔插孔。对未知量进行测量时，应首先把量程调到最大，然后从大向小调，直到合适为止。若显示"1"，表示过载，则应加大量程。

（2）不测量时，应随手关断电源。

（3）改变量程时，表笔应与被测点断开。

（4）测量电流时，切忌过载。

（5）不允许用电阻挡和电流挡测电压。

（二）测电笔

汽车测电笔，也叫汽车试电笔、试灯，是汽车电路检测中常见的一种

视频 3 - 13 测电笔的使用

测量工具。

1. 用途

汽车测电笔是汽车电工在进行汽车电器加装、电路改装和维修等工作中常用的一种电路检测工具，用于检测汽车电路中的被测点是否有电、线路是否导通。但是如果想精确测量，还需要使用万用表。

2. 结构

汽车测电笔有一个笔杆，笔杆前端有一个金属尖头，叫作笔尖，用于接触被测点；笔杆内装有指示灯（小灯泡或发光二极管）；笔杆后端有一根导线，导线上连接着一个夹子，如图 3 - 47 所示。有些汽车测电笔中还有熔丝。

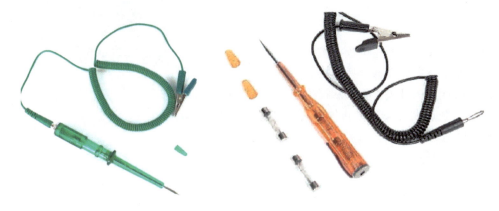

图 3 - 47　汽车测电笔

3. 使用方法

（1）测电笔在每次使用前，应先在确认有电的带电体上试验，检查其是否能正常验电，以免因小灯泡或发光二极管损坏，在检验中造成误判，危及人身或设备安全。

（2）使用时，将测电笔测试导线一端的鳄鱼夹夹在汽车上的任意搭铁，用测电笔的笔尖接触测试点，如果指示灯亮，说明测试点有电；如果指示灯不亮，说明测试点没电。通常根据指示灯亮度判断被测电路的电压高低。

动画 3 - 14　试灯的使用

4. 注意事项

（1）使用汽车测电笔之前应先检查测电笔内是否有安全电阻，然后检查测电笔是否有损坏、是否有受潮或进水现象。检查合格后方可使用。

（2）在使用汽车测电笔测量电气设备是否带电之前，先要用测电笔在有电源的部位检查一下小灯泡或发光二极管能否正常发光，如能正常发光，方可使用。

（3）在明亮的光线下使用测电笔测量带电体时，应注意避光，以免因光线太强而不易观察小灯泡或发光二极管是否发光，造成误判。

（4）使用完毕后，要保持测电笔清洁，并放置于干燥处，严防碰摔。

（三）汽车故障诊断仪

视频 3 - 15　X - 431PRO3 汽车故障诊断仪

汽车故障诊断仪是汽车维修中经常用到的一种故障诊断仪器，如

图 3 –48 所示。

1. 用途

汽车故障诊断仪（又称汽车解码器）是用于检测汽车故障的便携式智能汽车故障自检仪，用户可以利用它迅速地读取汽车电控系统中的故障，并通过液晶显示屏显示的故障信息迅速查明发生故障的部位及原因。

2. 种类

汽车故障诊断仪包括通用诊断仪和专用诊断仪。

3. 使用方法

1）接入步骤

（1）找到车辆诊断座位置，按照形状安装。

（2）根据诊断座选择合适的接头。

（3）关闭点火开关，将诊断仪连接到诊断座上。

（4）打开点火开关和诊断仪开关，进入诊断程序，按步骤进行故障诊断。

2）退出步骤

（1）依次退出诊断程序。

（2）先关闭解码器开关，再关闭点火开关。

（3）从诊断座上拔出诊断接头。

4. 注意事项

（1）注意故障诊断仪的连接方法。

（2）必须先打开点火开关并起动发动机，然后再进行故障码和数据流的读取。

（3）诊断结束后必须退回到"诊断首页"，再关闭点火开关。

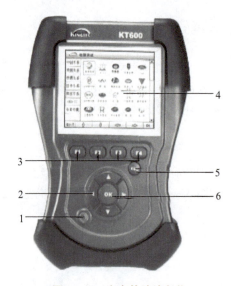

图 3 –48　汽车故障诊断仪

1—开关；2—翻页键；3—功能键；
4—显示屏；5—返回键；6—确认键

（四）探测仪

1. 用途

探测仪主要用于检查设备内部不能够直接看见的部件或难以看见的部件，还可以用来取出掉在角落或者狭小空间很难取出的螺丝以及其他铁部件，如图 3 –49 所示。

2. 使用方法

（1）当用来检测设备时，将小镜子安装到连杆上，然后伸长拉伸式连杆，调节杆长到适合长度。

（2）用手电筒照射检测部位，移动小镜子，从镜中观测检测部位。

（3）用来吸小的铁部件时，将小磁铁安装到连杆上，拉伸连杆移动到部件位置，吸取部件。

图 3 –49　探测仪

3. 注意事项

（1）要保持镜面干净。

（2）不要经常伸缩连杆。

（五）红外测温仪

1. 用途

红外测温仪主要用于进行非接触测温，如图 3 – 50 所示。

图 3 – 50　红外测温仪

2. 种类

红外测温仪的类别主要包括人用红外测温仪、工业红外测温仪和兽用红外测温仪等。

3. 使用方法

（1）根据被测物体设置合适的辐射频率。

（2）将测温枪对准被测物体，然后扣动扳机。

（3）读出 LED 显示屏上的温度值。

（4）对一个位置进行多次测量，或者对不同位置进行取点测量来减小误差。

4. 注意事项

（1）只测量表面温度。

（2）不能透过玻璃进行测温，不用于光亮的或抛光的金属表面的测温。

（3）发现热点，仪器瞄准目标，然后在目标上做上下扫描运动，直至确定热点为止。

（六）钳形表

1. 用途

钳形表在不断开电路的情况下即可直接测量电路中电流，如图 3 – 51 所示。

2. 种类

钳形表分为磁电式（公频交流）和电磁式（交直流）两种。

3. 使用方法

（1）测量前机械调零。

（2）选择合适的量程，先选大量程后选小量程。

（3）张开钳口将被测导线放在钳口中央。

图 3 – 51　钳形表

（4）读出显示屏上的电流值。

4. 注意事项

（1）被测线路的电压要低于钳表的额定电压。

（2）测高压线路的电流时要戴绝缘手套，穿绝缘鞋，站在绝缘垫上。

（3）钳口要闭合紧密，不能带电换量程。

视频 3 - 19　电压调节器的检测

（七）电压调节器

1. 用途

电压调节器一般用在发电机和用电设备之间，以使电压在一定范围内波动，如图 3 - 52 所示。

2. 种类

电压调节器分为触点式电压调节器、晶体管调节器、集成电路调节器和电脑控制调节器。

图 3 - 52　电压调节器

3. 使用方法

（1）使用前先调整输入电压范围（110 V 或 220 V）。

（2）接通输入电源，打开前面板的开关。

（3）在输出端选择所要使用的电压并将用电设备连接到输出端。

4. 注意事项

该电压调节器的输入端有两个拨动开关用于选择输入电压，在接入电源时要注意开关的选择，不能够选择 110 V 时接 220 V 的电压，输出端也要注意电压的选择。

（八）电烙铁

1. 用途

电烙铁是电子制作和电器维修的必需工具，主要用途是焊接元件及导线，如图 3 - 53 所示。

2. 种类

（1）按结构：内热式和外热式。

（2）按功能：焊接用和吸锡用。

图 3 - 53　电烙铁

3. 使用方法

（1）检查烙铁头是否松动、电源插头是否损坏。

（2）接通电源，打开烙铁加热开关，预热烙铁。

（3）预热一段时间后，烙铁头蘸上松香和焊锡进行焊接。

4. 注意事项

（1）电烙铁使用前应检查使用电压是否与电烙铁标称电压相符。

（2）电烙铁使用前要上锡。

（3）电烙铁通电后不能任意敲击。

（4）长时间不用时要切断电源。

（5）焊接时烙铁不要对着有人的地方，以免伤人。

（九）千斤顶

1. 用途

千斤顶是一种用钢性顶举件作为工作装置，通过顶部托座或底部托爪在行程内顶升重物的轻小型起重设备。其由人力或电力驱动液压泵，通过液压系统传动，用缸体或活塞作为顶举件，如图 3 - 54 所示。

视频 3 - 20　千斤顶的使用

2. 规格

千斤顶按吨位可分为 1.0 t、2.5 t、5.0 t 等几种。

3. 使用方法

（1）使用前必须检查各部分是否正常。

（2）使用时应严格遵守主要参数中的规定，切忌超高超载，否则当起重高度或起重吨位超过规定时，油缸顶部会发生严重泄漏。

（3）如手动泵体的油量不足，则需先向泵中加入经充分过滤后的液压油才能工作。

图 3 - 54　液压千斤顶

（4）重物重心要选择适中，并合理选择千斤顶的着力点，底面要垫平，同时要考虑到地面软硬条件（是否要衬垫坚韧的木材，放置是否平稳），以免负重下陷或倾斜。

（5）使用摇臂匀速地给小活塞施加力，严禁使用猛力压摇臂，以免引起泄压，导致工件落地伤人。

（6）使用时支撑活塞露出部分不得超过总长的四分之三。

（7）泄压时必须保证工件能安全着地后才能泄压。

4. 注意事项

（1）使用时如出现空打现象，则可先放松泵体上的放油螺钉，将泵体垂直起来头向下空打几下，然后旋紧放油螺钉，即可继续使用。

（2）在有载荷时，切忌将快速接头卸下，以免发生事故及损坏机件。

（3）必须做好油及本机具的保养工作，以免淤塞或漏油，影响使用效果。

（4）新的或久置的油压千斤顶，因油缸内存有较多空气，开始使用时，活塞杆可能出现微小的突跳现象，故可将油压千斤顶空载往复运动 2~3 次，以排除腔内的空气。长期闲置的千斤顶，由于密封件长期不工作会造成密封件硬化，从而影响油压千斤顶的使用寿命，所以油压千斤顶在不用时，每月要将其空载往复运动 2~3 次。

（5）因千斤顶起重行程较小，故用户使用时千万不要超过额定行程，以免损坏千斤顶。

（6）使用过程中应避免千斤顶剧烈振动。

（7）使用千斤顶支撑以后必须加安全三角支架（马登）等有效措施。

（8）泄压时不得快速拧松放油螺栓。

（9）不宜在有酸、碱及腐蚀性气体的工作场所使用。

（10）用户要根据使用情况定期对千斤顶进行检查和保养。

（十）举升机

1. 用途

举升机的作用是将车辆抬高，以便技术人员能在车下以舒适的姿势工作，如图 3 - 55

所示。

2. 分类

举升机类型有板条型、摆臂型和围框提升型。

3. 注意事项

（1）使用前应清除举升机附近妨碍作业的器具及杂物，并检查操作系统是否正常。

（2）操作机构灵敏有效，液压系统不允许有爬行现象。

图3-55 举升机

（3）支车时，四个支角应在同一平面上，调整支角胶垫高度，使其接触车辆底盘支撑部位。

（4）支车时，车辆不可支得过高，支起后四个托架要锁紧。

（5）待举升车辆驶入后，应调整举升机支撑块，以使其对正该车型规定的举升点。

（6）举升时人员应离开车辆，举升到需要高度时必须插入保险锁销，并确保安全可靠方可开始车底作业。

（7）除低保及小修项目外，其他烦琐和笨重作业不得在举升器上操作。

（8）举升器不得频繁起落。

（9）支车时举升要稳、降落要慢。

（10）有人作业时严禁升降举升机。

（11）若发现操作机构不灵、电动机不同步、托架不平或液压部分漏油，则应及时报修，不得带病操作。

（12）作业完毕后应清除杂物，并打扫举升机周围，以保持场地整洁。

（13）定期排除举升机油缸积水，并检查油量，油量不足应及时加注相同牌号的压力油，同时应检查润滑及举升机传动齿轮。

三、任务实施

（一）任务实施环境

器材及工具准备：

（1）实训量具；

（2）实训车辆。

（二）任务实施流程

实训分析：通过实训车辆的故障选择合适的仪表设备，如数字万用表、测电笔、汽车故障诊断仪、探测仪、红外测温仪、钳形表、电压调节器、电烙铁、千斤顶、举升机等。

（三）任务实施步骤

（1）查看实训故障车辆，根据故障情况选择合适的仪器设备。

（2）进行检测，测出相关数据。

四、拓展知识

举升机的维护及保养

1. 检查项目

每月对举升设备进行一次安全检查：

（1）钢丝接头是否有毛刺。

（2）所有螺帽是否都拧紧。

（3）线路是否有破皮的地方。

（4）钢丝、滑道是否缺黄油。

（5）工作小车下立柱内是否有异物。

（6）上升、下降是否有停不了现象（行程开关或接触器损坏）。

（7）立柱是否倾斜过大（2 cm 内正常）。

（8）工作小车两边高矮是否相差过大（2 cm 内正常）。

2. 常用耗品的更换

（1）每一年半必须更换液压油一次。

（2）每年必须清洗一次设备各部件，检查有无裂纹及磨损情况，并重新打黄油。

（3）有裂纹的胶垫一季度左右更换一次。

（4）每年给油路浸油的密封圈应全部更换。注意：拆油管时先卸油压，将工作小车挂在保险上或者放到底。

 项目总结

（1）汽车维修常用的工具包括各种扳手、各种钳子及各种螺丝刀等。

（2）汽车维修常用的量具包括游标卡尺、外径千分尺、百分表、量缸表、卡规及厚薄规等。

（3）汽车常用的仪表设备包括数字万用表、千斤顶、探测仪、红外测温仪、钳形表、电压调节器、曲尺、角度尺、水平仪、电烙铁、举升机和安全三角支架（马登）等。

项目四

汽车发动机系统认知

 概述

汽车发动机是为汽车提供动力的装置，是汽车的心脏，决定着汽车的动力性、经济性、稳定性和环保性。

现代汽车发动机多为电控发动机，了解发动机的基本构造及其电控系统的组成是学习发动机的首要任务。

学习要求

知识目标	能力目标	权重
1. 掌握汽车发动机基本结构组成；	1. 能熟知汽车发动机的类型；	30%
2. 掌握汽车发动机电控系统基本组成；	2. 能掌握发动机的两大机构和五大系统；	30%
3. 掌握汽车发动机各个部件的安装位置；	3. 能准确在实车上找到发动机各部分的位置；	20%
4. 掌握汽车发动机电控系统各组成的具体位置	4. 能够主动获取信息，展示学习成果，对工作过程进行总结与反思，与他人进行有效沟通，团结协作	20%

任务一 汽车发动机机械系统的认知

一、情境描述

发动机作为汽车的动力源，我们要对汽车发动机进行维护、保养或检修，必须对发动机的整体结构组成进行认识和了解，如图4-1所示。

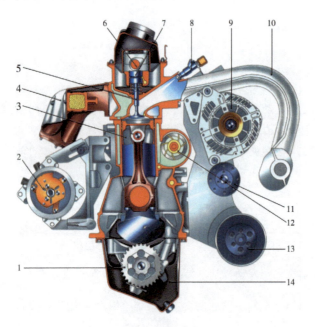

图4-1 发动机的整体结构组成

1—机油泵链轮；2—空调压缩机；3—活塞；4—排气歧管；5—气门；
6—凸轮轴；7—挺柱；8—喷油器；9—发电机；10—进气歧管；
11—导向轮；12—水泵；13—动力转向油泵；14—油底壳

视频4-1 发动机整体结构构造

二、相关知识

（一）发动机的类型

现代汽车用发动机多为往复活塞式内燃机，简称活塞式内燃机。它将燃料在气缸内燃烧，将其热能直接转化成机械能。

汽车发动机可根据不同的方法进行分类。

1. 按用途和工作形式

按用途和工作形式可分为活塞式内燃机和燃气涡轮式内燃机两大类，如图4-2所示。

2. 按活塞运动方式

按活塞运动方式可分为往复活塞式发动机和转子式发动机，如图4-3所示。

（a）　　　　　　（b）

图4-2　内燃机的两种形式
（a）活塞式内燃机；（b）涡轮式内燃机（喷气式）

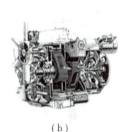

（a）　　　　（b）

图4-3　活塞式发动机的类型
（a）往复活塞式发动机；（b）转子式发动机

3. 按所用燃料

按所用燃料可分为汽油机、柴油机和气体燃料发动机，目前应用最广泛的是汽油机和柴油机，如图4-4所示。

4. 按冷却方式

按冷却方式可分为水冷式发动机和风冷式发动机，水冷式发动机是广泛应用于现代车用的发动机，如图4-5所示。

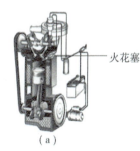 

火花塞　喷油器

（a）　　　　　　（b）

图4-4　按发动机所用燃料分类
（a）汽油机；（b）柴油机

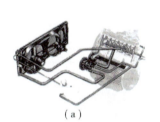 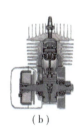

（a）　　　　　　（b）

图4-5　按发动机冷却方式分类
（a）水冷式发动机；（b）风冷式发动机

5. 按发动机完成一个工作循环所需的行程数

按发动机完成一个工作循环所需的行程数可分为四冲程发动机和二冲程发动机。活塞往复四个单程完成一个工作循环的发动机称为四冲程发动机，活塞往复两个单程完成一个工作循环的发动机称为二冲程发动机。目前广泛使用的是四冲程发动机，如图4-6所示。

6. 按发动机气缸数目

按发动机气缸数目可分为单缸发动机和多缸发动机。仅有一个气缸的发动机称为单缸发动机，有两个以上气缸的发动机称为多缸发动机，如图4-7所示。

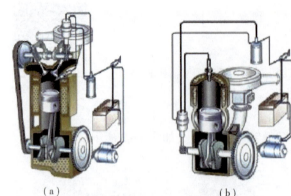

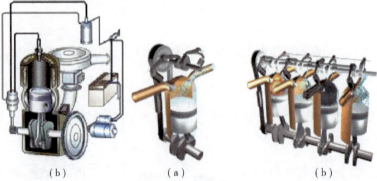

图 4-6　按发动机循环方式分类

(a) 四冲程发动机；(b) 二冲程发动机

图 4-7　按发动机气缸数目不同分类

(a) 单缸发动机；(b) 多缸发动机

7. 按发动机气缸排列方式

按发动机气缸排列方式可分为单列式和双列式。单列式发动机的各个气缸排成一列，双列式发动机把气缸排成两列，如图 4-8 所示。

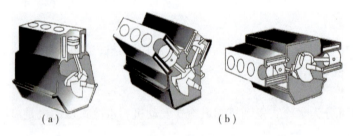

图 4-8　按气缸的排列方式分类

(a) 直列行；(b) V 型对置式

8. 按进气状态

按进气状态可分为增压式发动机和自然吸气式发动机，如图 4-9 所示。

图 4-9　发动机按进气方式不同分类

(a) 自然吸气式发动机；(b) 增压式发动机

（二）发动机的结构认识

1. 曲柄连杆机构认识

曲柄连杆机构是发动机借以产生动力，并将活塞的直线往复运动转变为曲轴的旋转运动而输出动力的机构。曲柄连杆机构主要由气缸体、气缸盖、活塞、连杆、曲轴、飞轮等组成。

1) 机体组

机体组是构成发动机的骨架，是发动机各机构和各系统的安装基础。机体组由气缸体、曲轴箱、油底壳、气缸套、气缸盖和气缸垫组成，如图4-10所示。

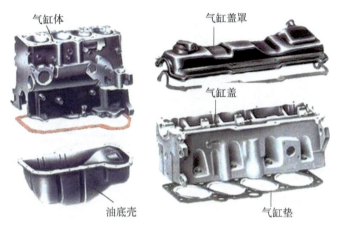

气缸体

气缸盖罩

气缸盖

油底壳

气缸垫

图4-10 机体组

气缸体应具有足够的强度和刚度。根据气缸体与油底壳安装平面的位置不同，通常把气缸体分为以下三种形式，如图4-11所示。

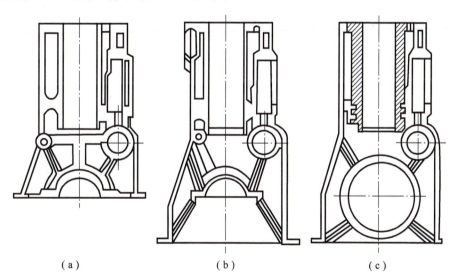

（a）　　　　　　　（b）　　　　　　　（c）

图4-11 机体组的分类

（a）平底式；（b）龙门式；（c）隧道式

2) 活塞连杆组

活塞连杆组是发动机的传动件，它把燃烧气体的压力传给曲轴，使曲轴旋转并输出动力。活塞连杆组主要由活塞、活塞环、活塞销、连杆、连杆瓦、连杆盖、连杆螺栓等组成，如图4-12所示。

活塞环分为气环和油环两种，如图4-13所示。

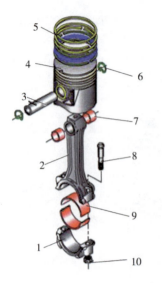

图 4 – 12　活塞连杆组

1—连杆盖；2—连杆；3—活塞销；4—活塞；5—活塞环；6—活塞销卡环；7—连杆衬套；8—连杆螺栓；9—连杆瓦轴；10—定位套筒

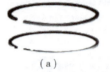
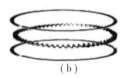

(a)　　　　　　　(b)

图 4 – 13　活塞环的种类

(a) 气环；(b) 油环

3）曲轴飞轮组

曲轴飞轮组的功用是把活塞连杆组传来的气体压力转变为扭矩，通过飞轮对外输出，用以驱动发动机的配气机构及其他辅助装置。

曲轴飞轮组主要由曲轴、飞轮、扭转减震器、皮带轮、正时齿轮（或链条）、油泵链轮、主轴瓦片及止推片等组成，如图 4 – 14 所示。

曲轴的功用是将连杆传来的力变为扭矩输出做功，并驱动配气机构和其他附属设备。曲轴的曲拐数取决于气缸的数目和排列方式。直列式发动机曲轴的曲拐数等于气缸数；V 型发动机曲轴的曲拐数等于气缸数的一半。曲轴包括前端轴、主轴颈、连杆轴颈、曲柄、平衡重、后端轴等，一个连杆轴颈和它两端的曲柄及主轴颈构成一个曲拐，如图 4 – 15 所示。

飞轮的主要功用是储存做功行程的能量，用于克服进气、压缩和排气行程的阻力，使曲轴能均匀旋转。飞轮外缘的齿圈

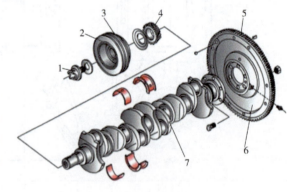

图 4 – 14　曲轴飞轮组

1—起动爪；2—扭转减震器；3—带轮；
4—正时齿轮；5—齿圈；6—飞轮；7—曲轴

与起动电动机的驱动齿轮啮合，供起动发动机用；汽车离合器也装在飞轮上，利用飞轮后端面作为驱动件的摩擦面，用来对外传递动力，如图 4 – 16 所示。

2. 配气机构的认识

发动机配气机构是按照发动机每一气缸内所进行的工作循环和点火顺序的要求，定时开启和关闭各气缸的进、排气门，使新鲜的可燃混合气（汽油机）或空气（柴油机）得

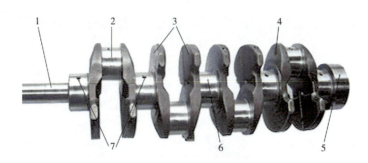

图 4 – 15   曲轴的组成

1—前端；2—连杆轴颈；3—平衡块；4—曲柄；5—输出端；

6—主轴颈；7—润滑油孔

以及时进入气缸，废气得以及时从气缸排出。在压缩与做功行程中，应关闭气门，以保证燃烧室的密封。发动机配气机构都是由气门组和气门传动组两大部分组成的。

1）气门组

气门组的作用是根据气门传动机构的控制，保证对进排气道的密封，及时开启和关闭进、排气道。气门组主要由气门、气门导管、气门座圈、气门锁片、气门弹簧、气门弹簧座和气门油封等组成，如图 4 – 17 所示。

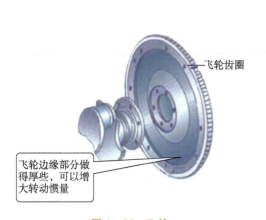

飞轮齿圈

飞轮边缘部分做得厚些，可以增大转动惯量

图 4 – 16   飞轮

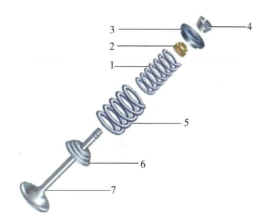

图 4 – 17   气门组的组成

1—内气门弹簧；2—气门油封；3—上气门弹簧座；4—气门锁夹；5—外气门弹簧；6—下气门弹簧座；7—气门

2）气门传动组

气门传动组的功用是驱动气门组，定时地开启和关闭进、排气门。

根据凸轮轴所在位置不同，气门传动组可分为凸轮轴下置、凸轮轴中置及凸轮轴顶置三大类型。现代发动机一般都采用凸轮轴顶置的结构形式。

对于采用顶置凸轮轴的发动机，根据凸轮轴的数量不同，可以分为单顶置凸轮轴（SOHC）和双顶置凸轮轴（DOHC）两大类，如图 4 – 18 所示。

顶置凸轮轴式气门传动组一般由凸轮轴、凸轮轴正时带轮、齿形带、挺柱（或摇臂和摇臂轴）等组成，如图 4 – 19 所示。

凸轮轴上的进、排气凸轮控制进、排气门开启和关闭的时刻、持续时间以及开闭的速度等。图 4 – 20 所示为凸轮轴和凸轮轮廓。

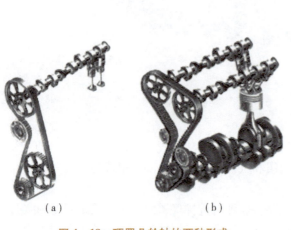

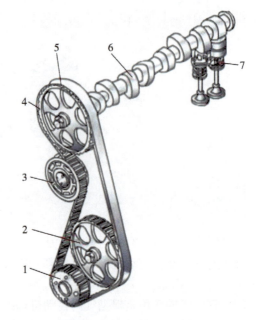

图4-18　顶置凸轮轴的两种形式

（a）单顶置凸轮轴；（b）双顶置凸轮轴

图4-19　气门传动组的组成

1—曲轴齿形带轮；2—中间轴齿形带轮；
3—张紧轮；4—凸轮轴齿形带；5—正时
齿形带；6—凸轮轴；7—液压挺柱组件

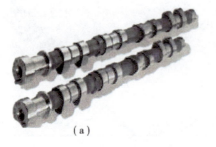

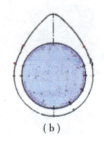

图4-20　凸轮轴和凸轮轮廓

（a）凸轮轴；（b）凸轮轮廓

　　挺柱是凸轮的从动件，作用是将来自凸轮的运动和作用力传给推杆或气门，同时还承受凸轮轴所施加的侧向力，并将其传给机体或气缸盖，如图4-21（a）所示。

　　摇臂的功用和挺柱相同，它可改变方向，将凸轮轴的力传给气门使其开启，但是改变力的方向时还需要一根摇臂轴来作它的支点，如图4-21（b）所示。

图4-21　挺柱和摇臂

（a）挺柱；（b）摇臂

3. 发动机的各大系统

1）进气系统

发动机进气系统的作用是将新鲜空气引至发动机的进气门，主要由空气滤清器、空气流量计、进气软管、节气门、进气歧管等组成，如图4-22所示。

空气滤清器的作用是把空气中的尘土分离出来，保证供给气缸足够量的清洁空气。空气滤清器主要由空气滤清器外壳和滤芯等组成，如图4-23所示。

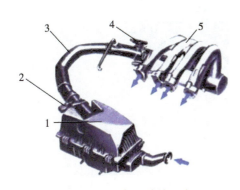

图4-22 进气系统的组成
1—空气滤清器；2—空气流量计；3—进气软管；4—节气门组件；5—进气歧管

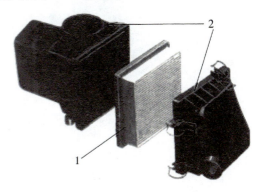

图4-23 空气滤清器组成
1—空气滤清器滤芯；2—空气滤清器外壳

进气歧管的主要作用是将空气均匀地分配给各个气缸，如图4-24所示。

节气门安装在进气歧管前方，与进气软管相连，它主要用于控制进入发动机的空气流量，如图4-24所示。

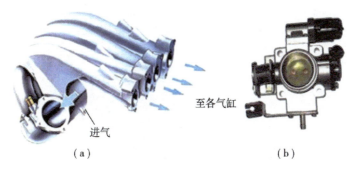

至各气缸

进气

（a） （b）

图4-24 进气歧管和节气门
（a）进气歧管；（b）节气门

涡轮增压器的主要作用是利用排气气体动力增加进气压力和进气量，如图4-25所示。

2）排气系统

排气系统由排气歧管、排气软管、消声器和三元催化器等组成，如图4-26所示。

消声器的主要作用是消除排气噪声，三元催化器的主要作用是改善排放系统标准，如图4-27所示。

3）发动机燃油供给系统

现代燃油供给系统多采用电子控制分配式燃油供给装置，主要由燃油箱、电动汽油

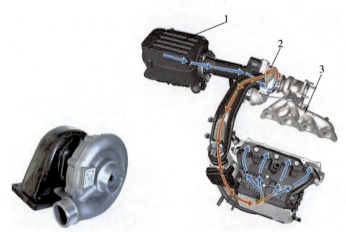

图4-25　涡轮增压器及其安装位置

1—空气滤清器；2—涡轮增压器；3—排气歧管

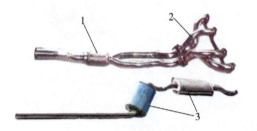

图4-26　排气系统组成

1—三元催化器；2—排气歧管；3—消声器

（a）　　　　　　　　（b）

图4-27　消声器和三元催化器

（a）消声器；（b）三元催化器

泵、汽油滤清器、燃油管路、供油架和喷油器组成。除此之外，为了防止燃油蒸气造成对空气的污染和燃油浪费，燃油系统还装有活性碳罐及控制电磁阀，如图4-28所示。

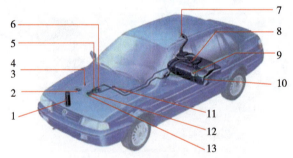

图4-28　燃油供给系统组成

1—活性碳罐；2—活性碳罐电磁阀；3—气排放管；4—燃油箱油；5—喷油器；6—供油管；7—加燃油口；8—燃油箱；9—电动燃油泵；10—燃油滤清器；11—回油管；12—燃油分配管；13—燃油压力调节器

电动燃油泵的功用是以一定的油压和流量将汽油从油箱输送到发动机，通常安装在油箱内，靠汽油来冷却。汽油泵总成上还带有浮子。如图4-29所示。

　4）发动机点火系统

　发动机点火系统主要由蓄电池、点火开关、点火线圈、火花塞和电控装置组成，主要功用为按规定时刻点燃气缸内的混合气，如图4-30所示。

（a） （b）

图 4 - 29 汽油泵和油泵总成

（a）汽油泵；（b）油泵总成

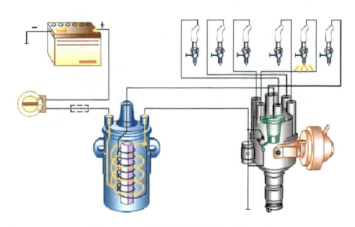

图 4 - 30 发动机电子点火系统组成

5）发动机起动系统

发动机起动系统主要由蓄电池、起动开关和起动马达组成，主要功用是起动发动机，如图 4 - 31 所示。

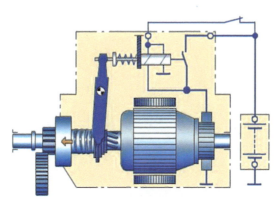

图 4 - 31 起动系统组成

6）发动机润滑系统

发动机润滑系统主要由油底壳、机油滤清器、机油泵、机体组主油道、缸盖油道和机油加注口等组成，如图 4 - 32 所示。

7）发动机冷却系统

冷却系统的主要作用是保证发动机始终保持在合适的工作温度范围内。冷却系统主要由散热器、发动机水套、水泵、水管、节温器、冷却风扇和补给小水箱等组成，如图 4 - 33 所示。

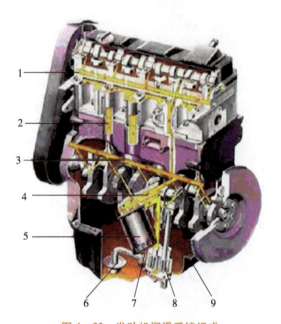

图 4 - 32　发动机润滑系统组成
1—气缸盖油道；2—回油孔；3—主油道；4—滤清器出油道；5—滤清器；6—集滤器；7—滤器进油道；8—机油泵；9—油底壳

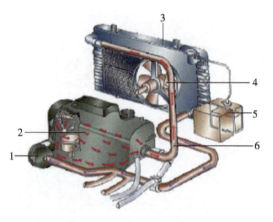

图 4 - 33　冷却系统的组成
1—水泵；2—冷却水；3—散热器；4—风扇；5—膨胀水箱；6—水管

三、任务实施

（一）任务实施环境

器材及工具准备：
（1）汽车发动机台架。
（2）发动机解剖台架。
（3）世达工具。

（二）任务实施流程

了解发动机各部分构造并识别发动机各部分在汽车上的位置。

（三）任务实施步骤

（1）对照发动机台架查看发动机的各组成部分。
（2）对照发动机解剖台架，查看内部结构。
（3）利用世达工具分解并查看部分零部件。
检查结果：对应发动机组成部分查看实体，标记没有和查找不到的部分。

四、拓展知识

发动机养护小知识

发动机应从两个方面进行养护，一是外部的清洁或清洗，二是发动机内部的清洁或清洗。

发动机的外部清洗是指除了发动机内部以外的、与发动机整体工作相关部件及系统的清洁或清洗，包括进气系统的清洁或清洗、排气系统的清洁或清洗、燃油系统的清洁或清洗。它有两种方法，即拆解清洗与免拆清洗。

发动机的内部清洁或清洗是指发动机内部部件的清洁或清洗，即发动机内部积炭与油泥等积存物的清洗。

任务二　汽车发动机电控系统的认知

一、情境描述

现代汽车发动机大部分都为电喷发动机，电喷汽车的发动机控制是由发动机电子控制系统（Engine Electronic Control System，EECS 或 EEC）来完成的，其主要功能是控制空燃比、喷油时刻与点火时刻，要对电控发动机进行维护或者维修首先要对发动机的电控系统进行认知。

二、相关知识

（一）发动机电控系统的组成

随着汽车电子技术的日趋完善，汽车电子化程度已经达到相当高的程度。汽车电控系统除了控制空燃比、喷油时刻与点火时刻之外，还控制发动机的冷热车起动、怠速转速、最大转速、废气再循环、二次空气喷射、爆燃、电动燃油泵故障自诊断以及给其他电控系统发送状态信号等功能。其工作性质是采集发动机各部位的工况信号，并根据采集到的信号计算确定最佳喷油量、最佳喷油时刻和最佳点火时刻。

发动机电子控制系统主要由传感器、电控单元和执行器三部分组成。

电控燃油喷射系统控制如图 4-34 所示。

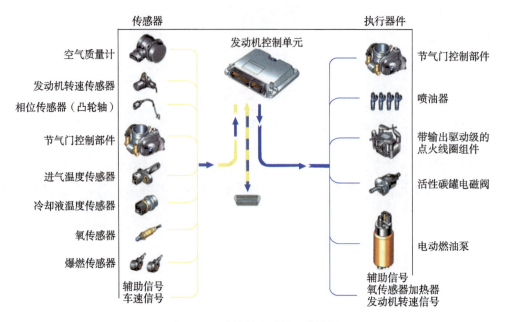

图 4-34 电控燃油喷射系统控制

（二）电控燃油喷射系统及组件位置

电控燃油喷射系统及组件位置如图 4-35 所示。

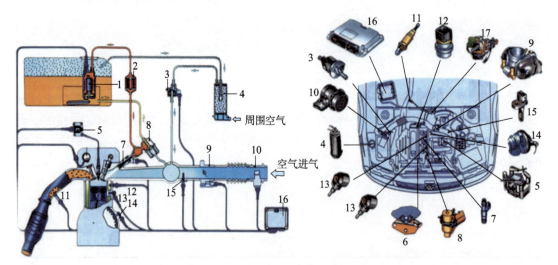

图 4-35 电控燃油喷射系统及组件位置

1—电动燃油泵；2—燃油滤清器；3—活性碳罐电磁阀；4—活性碳罐；5—带输出驱动级的点火线圈组件；
6—相位传感器；7—喷油器；8—燃油压力调节器；9—节气门控制部件；10—空气质量计；11—氧传感器；
12—冷却液温度传感器；13—爆燃传感器；14—发动机转速传感器；15—进气温度传感器；16—发动机
控制单元；17—传感器插头支架

（三）燃油箱蒸发排放系统及电子控制点火系统

燃油箱蒸发排放系统及电子控制点火系统如图 4-36 所示。

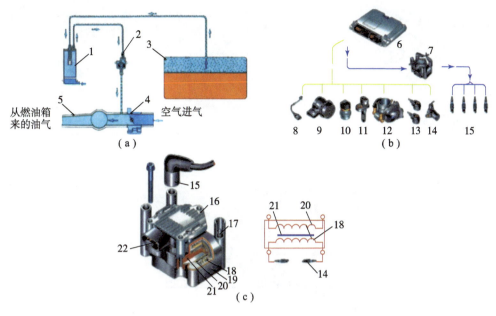

图4-36 燃油箱蒸发排放系统及电子控制点火系统

（a）燃油箱蒸发排放控制系统；（b）电子控制点火系统（无分电器）；（c）双火花点火线圈
1—活性碳罐；2—活性碳罐电磁阀；3—燃油箱；4—节气门控制部件；5—进气歧管；6—发动机控制单元；
7—带输出驱动级的点火线圈组件；8—相位传感器；9—空气质量计；10—冷却液温度传感器；11—进气温度
传感器；12—爆燃传感器；13—发动机转速传感器；14—火花塞；15—第3缸点火线接头；16—功率输出驱动
级；17—高压端头；18—次级线圈；19—点火线圈壳体；20—初级线圈；21—铁芯；22—插头

（四）节气门控制部件

节气门控制部件如图4-37所示。

三、任务实施

（一）任务实施环境

器材及工具准备：
（1）汽车电控发动机台架；
（2）世达工具。

（二）任务实施流程

了解发动机电控系统的组成部分并识别各部分在汽车上的位置。

（三）任务实施步骤

（1）了解发动机电子控制系统的总体组成。
（2）区分与识别发动机电子控制系统的主要传感器和执行器。
（3）了解发动机电子控制系统的工作原理。

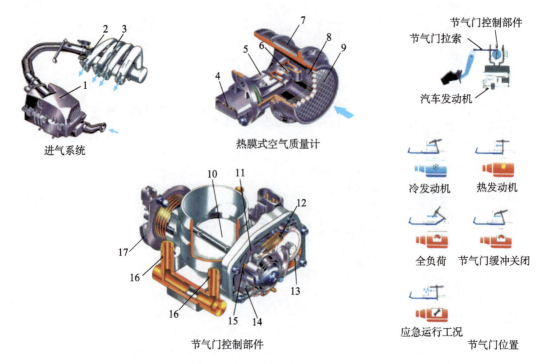

进气系统

热膜式空气质量计

冷发动机　热发动机

全负荷　节气门缓冲关闭

应急运行工况

节气门位置

节气门控制部件

图4－37　节气门控制部件

1—空气滤清器；2—节气门控制部件；3—进气歧管；4—插头；5—混合电路盒；6—金属热膜元件；7—壳体；8—滤网；9—导流格栅；10—节气门；11—节气门定位电位计；12—应急运行弹簧；13—节气门定位器（电动机）；14—节气门电位计；15—怠速开关；16—热水进、出管口；17—节气门拉索滑轮

检查结果：对应电控发动机台架查看实体，标记没有和查找不到的部分。

四、拓展知识

电控发动机电控系统各部分的作用。

传感器是一种信号检测与转换装置，安装在发动机的各个部位，其功能是检测发动机运行状态的各种电量参数、物理量和化学量等，并将这些参量转换成计算机能够识别的电量信号输入电控单元。

电子控制单元（Electronic Control Unit，ECU）又称电子控制器，也称电脑，简称ECU，是发动机电子控制系统的核心部件，其功能是根据各种传感器和控制开关输入的信号参数，对喷油量、喷油时刻和点火时刻等进行实时控制。

执行器是控制系统的执行机构，其功能是接收电控单元的控制指令，完成具体的控制动作，从而使发动机处于最佳的运行状态。

 项目总结

（1）发动机的两大机构和五大系统。
（2）曲柄连杆机构的组成，配气机构的组成。
（3）五大系统的组成。
（4）发动机电控系统的组成。

项目五

汽车底盘
系统认知

✒ 概述

发动机相当于汽车的心脏，是一切动力的来源。当发动机输出动力之后，相应的机构会接收，使汽车产生运动，并保证汽车按照驾驶员的操控行驶，这一切都要靠底盘来运行。汽车底盘作为汽车的基体，发动机、车身、电气设备及各种附属设备都直接或间接地安装在底盘上。因此，汽车底盘的作用是支撑、安装汽车发动机及其各部件、总成，形成汽车的整体造型，并接收发动机的动力，使汽车产生运动并按驾驶员的操控而正常行驶。

汽车底盘由四大系统组成，这四大系统分别是传动系统、行驶系统、转向系统和制动系统（也称"传动系""行驶系""转向系"和"制动系"），如图 5-1 所示。

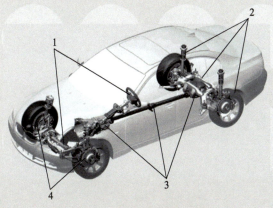

图 5-1　汽车底盘系统示意图

1—转向系统；2—行驶系统；3—传动系统；4—制动系统

🚗 学习要求

知识目标	能力目标	权重
1. 掌握汽车底盘系统的四大组成；	1. 能在实车上准确找到底盘机械系统各组成的位置；	40%
2. 掌握汽车传动系统、行驶系统、转向系统、制动系统的功用和结构；	2. 能正确使用工具对底盘机械系统进行基本拆装；	40%
3. 了解汽车传动系统、行驶系统、转向系统和制动系统的工作原理；	3. 能在实车上准确找到底盘电控系统各组成的位置	20%
4. 掌握自动变速器、电控悬架、电动助力转向、电控防抱死制动系统的功用和结构；		
5. 了解自动变速器、电控悬架、电动助力转向、电控防抱死制动系统的工作原理		

任务一 汽车底盘机械系统的认知

一、情境描述

李先生的迈腾轿车已经行驶了4万km，他在周末去维修站进行常规保养时汽车维修技师对李先生迈腾轿车的底盘系统进行了详细的检查，然后建议更换制动系统的制动片。作为维修技工，需要根据维修手册，正确使用相关工具，对制动片进行更换。要完成这个工作任务，首先需要掌握汽车底盘机械系统的相关知识。

二、相关知识

（一）传动系统

1. 传动系统的功用

传动系统可将发动机发出的动力传递到驱动车轮，共承担了减速增距、变速、倒车、中断动力、轮间差速和轴间差速等功能；与发动机配合工作，保证汽车在各种工况条件下的正常行驶，并具有良好的动力性和经济性。传动系统主要由离合器（或液力变矩器）、变速器、万向传动装置以及驱动桥等组成。

2. 传动系统的类型与组成

传动系统的组成及其在汽车上的布置形式取决于发动机的形式和性能、汽车总体结构形式、汽车行驶系统及传动系统本身的结构形式等许多因素。目前在汽车上广泛应用的传动系统主要有两种形式：机械式传动系统以及液力机械式传动系统。

1）机械式传动系统

机械式传动系统如图5-2所示，一般由离合器、变速器、万向传动装置、主减速器、差速器和半轴等组成。机械式传动系统具有较高的传动效率和比较简单的构造，所以常用于普通车辆上。

如图5-2所示的传动系统适用于发动机前置后轮驱动形式的汽车，发动机发出的动力依次经过离合器1、变速器2、由万向节3和传动轴8组成的万向传动装置以及安装在驱动桥4中的主减速器7、差速器5和半轴6传到驱动轮。

2）液力机械式传动系统

液力机械式传动系统由液力变矩器、自动变速器、万向传动装置和驱动桥组成，如

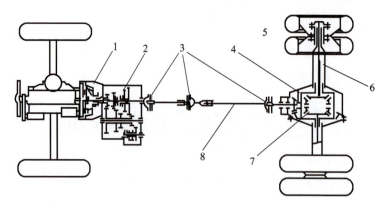

图5-2　机械式传动系统

1—离合器；2—变速器；3—万向节；4—驱动桥；5—差速器；6—半轴；

7—主减速器；8—传动轴

图5-3所示。现代汽车越来越多地采用液力机械式传动系统（俗称自动挡汽车车），它以液力机械变速器取代机械式传动系统中的离合器和变速器，从而实现更加平稳的传动，驾驶操作也大为方便，是现代中高级轿车传动系统中常采用的形式之一。

3. 离合器

离合器是用来接通或切断发动机与传动系统之间动力的装置。离合器的主要作用如下：

图5-3　液力机械式传动系统

1—液力变矩器；2—自动变速器；3—万向传动装置；4—驱动桥；5—主减速器；6—传动轴

（1）平顺接合动力，保证汽车平稳起步。

（2）临时切断动力，保证换挡时工作平顺。

（3）限制传动系统所承受的最大转矩，防止传动系统过载。

离合器在车上的位置如图5-4所示，常见的离合器有摩擦离合器、液力耦合器、电磁离合器。最为常见的离合器种类就是摩擦离合器。

图5-4　离合器在车上的位置

动画5-1　膜片弹簧离合器

离合器应该是这样的一个传动机构：其主动部分和从动部分可以暂时分离，又可逐渐结合，并且在传动过程中还要有可能相对转动。所以，离合器的主动部件与从动部件之间不可采用刚性连接，应借两者接触面之间的摩擦作用来传动转矩（摩擦离合器），或者利用液体作为传动介质（液力耦合器），或是利用磁力传动（电磁离合器）。摩擦式离合器主要有膜片弹簧式以及周布弹簧式两种，如图 5-5 和图 5-6 所示。

图 5-5 膜片弹簧式离合器
1—摩擦片；2—减震弹簧；3—膜片弹簧；
4—压盘；5—飞轮；6—飞轮齿圈

图 5-6 周布弹簧式离合器

图 5-7 所示为车内踏板位置示意图，图中车内踏板从左往右依次为离合器踏板、制动器踏板和加速踏板。

4. 变速器

现代汽车广泛使用活塞式内燃机作为动力源，其转矩和转速变化范围较小，而复杂的使用条件则要求汽车的牵引力和车速能在相当大的范围内变化，所以在传动系统中设有变速器。它的功用：

（1）改变传动比，扩大驱动轮转矩和转速的变化范围，以适应经常变化的行驶条件，如起步、加速和上坡等，同时使发动机在有利的工况下工作。

图 5-7 车内踏板位置

（2）在发动机旋转方向不变的前提下，使汽车能倒退行驶。

（3）利用空挡，中断动力传递，以使发动机能够起动、怠速，并便于变速器换挡或进行动力输出。

按操纵方式，变速器可分为强制操纵式、自动操纵式和半自动操纵式三种。其中强制操纵式变速器靠驾驶员直接操纵变速杆换挡；自动操纵式变速器的传动比选择（换挡）是自动进行的，驾驶员只需操纵加速踏板即可控制车速；半自动操纵式常见的是几个挡位自动操纵，其余挡位则由驾驶员操纵。

动画 5-2 三轴变速器变速原理、动力传递路线

手动变速器的外观及内部结构分别如图 5-8 和图 5-9 所示。

图 5-10 和图 5-11 所示分别为有级自动变速器和无级自动变速器。

图 5-12 和图 5-13 所示分别为手动变速器操纵杆和自动变速器操纵杆。

5. 万向传动装置

在汽车传动系统及其他系统中，为了实现一些轴线相交或相对位置经常变化的转轴之

图 5-8　手动变速器外观

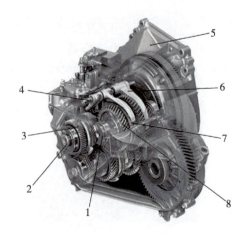

图 5-9　手动变速器内部结构

1—从动轴；2—主动轴；3—主动齿轮；4—换挡拉杆；
5—变速器壳体；6—换挡拨叉；7—同步器；8—从动齿轮

图 5-10　有级自动变速器

图 5-11　无级自动变速器

图 5-12　手动变速器操纵杆

图 5-13　自动变速器操纵杆

　　间的动力传递，必须采用万向传动装置。万向传动装置一般由万向节和传动轴（见图 5-14）组成，有时还要有中间支承。

　　图 5-15 所示为几种常见的万向节。

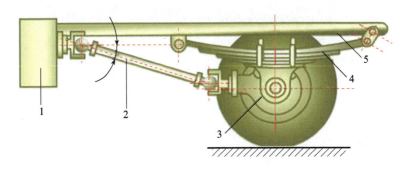

图 5-14 万向传动装置的组成

1—变速器；2—万向传动装置；3—驱动桥；4—后悬架；5—车架

图 5-15 几种常见的万向节

6. 驱动桥

驱动桥是传动系统的最后一个总成，发动机的动力传到驱动桥后，首先传到主减速器，在这里将转矩放大并降低转速后，经差速器分配给左、右半轴，最后通过半轴外端的凸缘传到驱动车轮的轮毂，如图 5-16 所示。驱动桥的主要零部件都装在驱动桥的桥壳中。桥壳由主减速器壳和半轴套管组成，如图 5-17 所示。

图 5-16 驱动桥外观

驱动桥的功用：

（1）降速增扭。

（2）通过主减速器改变转矩的传递方向。

（3）通过差速器实现两侧车轮的差速作用，保证内、外车轮以不同转速转向。

7. 主减速器和差速器

主减速器的功用是将输入的转矩增大并相应降低转速，且当发动机纵置时还具有改变转矩旋转方向的作用。差速器的功用是当汽车转弯行驶或

动画 5-3 主减速器、差速器结构原理

在不平路面上行驶时，使左、右驱动车轮以不同的转速滚动，即保证两侧驱动车轮做纯滚动运动。如图 5-18 所示。

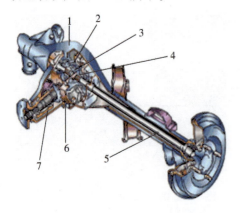

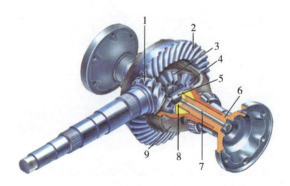

图 5-17　驱动桥的组成

1—后桥壳；2—差速器壳；3—差速器行星齿轮；
4—差速器半轴齿轮；5—半轴；6—主减速器
从动齿轮；7—主减速器主动小齿轮

图 5-18　主减速器和差速器

1—主减速器主动锥齿轮；2—主减速器从动锥齿轮；
3—半轴齿轮；4—行星齿轮；5—行星齿轮轴；6—半
轴及凸缘；7—半轴螺栓；8—防转螺母；9—差速器壳

8. 半轴

半轴是在差速器与驱动轮之间传递动力的实心轴，其内端与差速器的半轴齿轮连接，而外端则与驱动轮的轮毂相连，半轴与驱动轮的轮毂在桥壳上的支承形式决定了半轴的受力状况，如图 5-19 所示。

图 5-19　半轴

（二）行驶系统

行驶系统将汽车各总成及部件连成一个整体并对全车起支承作用，传递和承受路面作用于车轮的各种力和力矩，并缓和冲击、吸收振动，以保证汽车在各种条件下正常行驶。

汽车的行驶系统具有以下作用：

（1）承受汽车的总质量。

（2）接收由发动机经传动系统传来的转矩并转化为驱动力。

（3）承受汽车所受外界力和力矩，保证汽车正常行驶。

（4）缓和不平路面对车身的冲击和振动，保证汽车行驶的平顺性。

（5）与转向系统配合工作，实现汽车行驶方向的正确控制，保证汽车的操纵稳定性。

汽车作为一种地面交通工具，其行驶系统的基本组成在很大程度上取决于汽车经常行驶的路面性质。但大多数汽车都行驶在比较坚实的路面上，与地面接触的是车轮，而轮式汽车行驶系统一般由车架、车桥、车轮和悬架等组成，如图5-20所示。

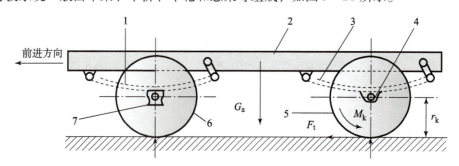

图5-20　汽车行驶系的组成

1—前悬架；2—车架；3—后悬架；4—驱动桥；5—后轮；6—前轮；7—从动桥

1. 车架

车架是整个汽车的基体，车架的功用是支撑连接汽车的各零部件，并承受来自车内外的各种载荷。车架的结构形式首先应满足汽车总布置的要求。车架应具有足够的强度和适当的刚度。为了提高整车的轻量化，要求车架质量尽可能小。此外车架应布置得离地面近一些，以使汽车重心降低，有利于提高汽车的行驶稳定性。

目前，汽车车架的结构形式基本上有三种：边梁式车架、中梁式车架和综合式车架（或承载式车身），如图5-21~图5-23所示。

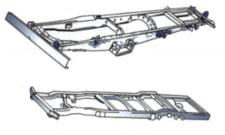

图5-21　边梁式车架

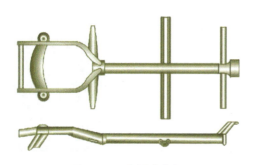

图5-22　中梁式车架

图5-23　综合式车架（或承载式车身）

2. 车桥

车桥通过悬架与车架（或承载式车身）相连，它的两端安装车轮，功用是传递车架（或承载式车身）与车轮之间各方向的作用力及其力矩。

根据悬架结构的不同，车桥分为整体式（图5-24）和断开式（图5-25）两种；根据车桥上车轮的作用，车桥又可以分为转向桥、驱动桥、转向驱动桥和支持桥，如图5-26所示。

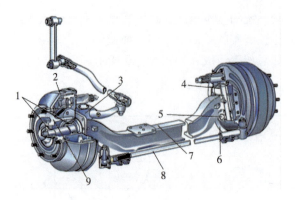

图 5－24　整体式车桥

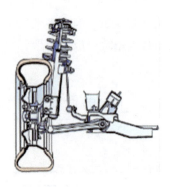

图 5－25　断开式车桥

1—轮毂轴承；2—制动鼓；3—转向节；4—衬套；5—止推轴
承；6—梯形臂；7—前梁；8—转向横拉杆；9—轮毂

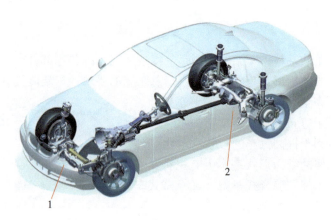

图 5－26　转向桥与驱动桥
1—转向桥；2—驱动桥

3. 车轮与轮胎

如图 5－27 所示，车轮与轮胎是汽车行驶系统中的重要部件，其功用如下：

（1）承载整辆汽车，就是架在四只车轮的轮胎之上，不同尺寸与类型以及轮胎的气压决定了汽车承载能力的大小。

（2）减振缓冲来自路面的各种振动与冲击，让车内的乘客感觉舒服与安静，不少人对轮胎的最初评价便来源于此。

（3）影响抓地力的大小。喜欢开车的人还能够明显地感觉到轮胎的抓地力，不同于汽车行驶与制动的影响，轮胎的花纹、轮胎橡胶的配方都可能会影响到抓地力的大小。

图 5－27　车轮
和轮胎

（4）提高车辆的操控性能，使得汽车能够得心应手地行驶，不仅令驾驶更加安全与轻松，而且往往有利于节约燃料、延长汽车的使用寿命。

（5）稳定可靠是所有车主对于轮胎的要求，而耐磨正是稳定可靠的保证。

车轮及其组成如图 5－28 所示。子午线轮胎的结构组成如图 5－29 所示。

图 5-28 车轮及其组成

1—轮辋；2—螺栓；3—饰板

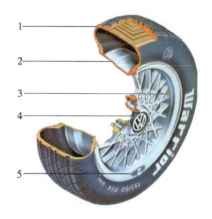

图 5-29 子午线轮胎

1—子午线轮胎；2—铝合金轮辋；3—气门嘴；

4—车轮饰板；5—平衡块

4. 悬架

悬架是车架（或承载式车身）与车桥（或车轮）之间一切传力连接装置的总称，它的功用是把路面作用于车轮上的垂直反力（支承力）、纵向反力（牵引力和制动力）和侧向反力以及这些反力所造成的力矩都传递到车架（或承载式车身）上，以保证汽车的正常行驶。

现代汽车的悬架尽管有各种不同的结构形式，但一般都由弹性元件、减震器和导向机构组成。

汽车悬架可分为两大类：非独立悬架和独立悬架（图 5-30）。非独立悬架两侧车轮安装于一整体式车桥上，当一侧车轮受冲击力时会直接影响到另一侧车轮。独立悬架两侧车轮安装于断开式车桥上，两侧车轮分别独立地与车架（或车身）弹性连接，当一侧车轮受到冲击时，其运动不直接影响到另一侧车轮。

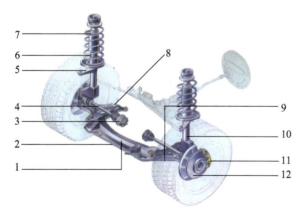

图 5-30 独立悬架（麦弗逊式）

1—副车架；2—横向稳定杆；3—等速万向节；4—传动轴；

5—转向臂；6—筒式减震器；7—螺旋弹簧；8—叉形摆臂；

9—摇臂；10—前悬架部件；11—制动钳；12—制动盘

动画 5-4 独立悬架

（三）转向系统

转向系统的功能是保证汽车能按驾驶员的意志进行转向行驶，同时对操纵稳定性有一定的影响。对转向系统的要求：

（1）要求工作可靠、操纵轻便。

（2）转向机构还应能减小地面传到转向盘上的冲击，并保持适当的"路感"。

（3）当汽车发生碰撞时，转向装置应能减轻或避免对驾驶员的伤害。

按转向动力源的不同，转向系统分为机械转向系统和动力转向系统两大类。现代汽车越来越普遍地采用了动力转向系统。

1. 机械转向系统

机械转向系统以驾驶员的体力作为转向动力源。机械转向系统一般由转向操纵机构、转向器和转向传动机构三部分组成，如图5-31所示。

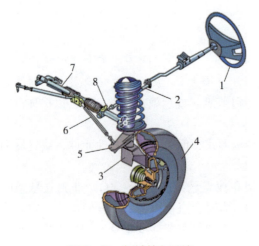

图5-31　机械转向系统

1—转向盘；2—安全转向轴；3—转向节；4—转向轮；5—转向节臂；6—转向横拉杆；7—转向减震器；8—机械转向器

动画5-5　转向系的组成

2. 动力转向系统

动力转向系统是兼用驾驶员的体力和发动机动力作为转向动力源的转向系统。它是在机械转向系统的基础上加设一套转向加力装置而构成的。转向加力装置由转向油罐、转向油泵、转向控制阀和转向动力缸组成，如图5-32所示。

3. 转向器

转向器是转向系统的减速传动装置，一般有1~2级减速传动副。它的功能是将转向盘的转动变为齿条轴的直线运动或转向摇臂的摆动，降低运动速度，增大转向力矩并改变转向力矩的传动方向。目前在汽车上广泛采用的有齿轮齿条式和循环球式转向器，如图5-33和图5-34所示。

动画5-6　循环球式转向器

4. 转向操纵机构

转向操纵机构（图5-35）由转向盘（图5-36）、转向轴和转向管柱等组成，它的作用是将驾驶员转动转向盘的操纵力传给转向器。

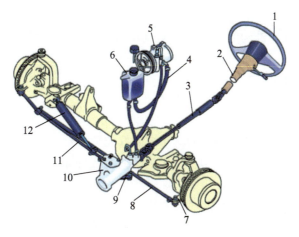

图 5 - 32   动力转向系统

1—转向盘；2—转向万向节；3—转向柱；4—转向油管；5—转向油泵；

6—转向油罐；7—转向节臂；8—转向横拉杆；9—转向摇臂；10—整体

式转向器；11—转向直拉杆；12—转向减震器

图 5 - 33   齿轮齿条式转向器

1—转向齿条；2—转向器壳体；3—转向齿轮

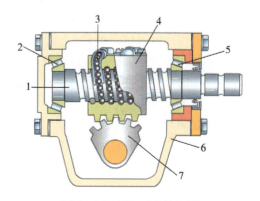

图 5 - 34   循环球式转向器

1—转向螺杆；2，5—轴承；3—滚珠；

4—转向螺母；6—外壳；7—扇形齿轮

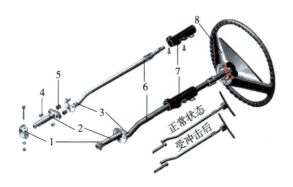

图 5 - 35   转向操纵机构

1—夹子；2—下转向轴；3—柱销；4—塑料衬套；

5—减振橡胶套；6—上转向轴；7—转向管柱；

8—转向盘组件

图 5 - 36   转向盘

5. 转向传动机构

汽车转向时转向传动机构的功用是将转向器输出的力和运动传到转向桥两侧的转向节，使两侧转向轮偏转，且使两转向轮偏转角按一定关系变化，以保证汽车转向时车轮与地面的相对滑动尽可能小。

（四）制动系统

汽车制动系统的作用是使行驶中的汽车按照驾驶员的要求进行强制减速甚至停车；使已停止的汽车在各种道路条件下（包括在坡道上）稳定驻车；使下坡行驶的汽车速度保持稳定。

汽车制动系统按功用可分为行车制动系统、驻车制动系统、第二制动系统和辅助制动系统。交通法规要求，行车制动系统和驻车制动系统是每一辆车都必须具备的两套独立的制动系统。汽车上设置有彼此独立的制动系统，它们起作用的时刻不同，但组成却是相似的，一般由供能装置、控制装置、传动装置和制动器4个基本部分组成。

1. 制动器

制动器是制动系统中用以产生阻碍车辆运动或运动趋势的力的部件。

凡利用固定元件与旋转元件工作表面的摩擦而产生制动力矩的制动器，都称为摩擦制动器。目前摩擦制动器分为鼓式和盘式两大类。前者的摩擦副中的旋转元件为制动鼓，其工作表面为圆柱面；后者的旋转元件则为圆盘状的制动盘，以端面为工作表面。旋转元件固装在车轮或半轴上，称为车轮制动器，一般用于行车制动，也有兼用于第二制动和驻车制动的。旋转元件固装在传动系统的传动轴上，称为中央制动器，一般用于驻车制动和缓速制动。

图5-37~图5-42所示为鼓式制动器和盘式制动器及其应用和组成。

动画5-7 鼓式制动器

动画5-8 盘式制动器

图5-37　装有鼓式制动器的车轮

图5-38　鼓式制动器

2. 驻车制动装置

驻车制动装置的作用是使汽车可靠地驻留原地，不致滑溜，便于上坡起步。当在行车中遇到紧急情况时，可同时使用行车制动系统和驻车制动系统，使汽车紧急制动，如图5-43所示。

图 5-39 装有盘式制动器的车轮

图 5-40 盘式制动器

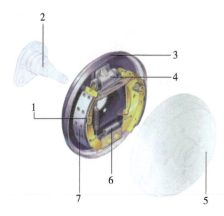

图 5-41 鼓式制动器的组成

1—拉力弹簧；2—后轮轴；3—制动底板；4—后制动轮缸；
5—制动鼓；6—下拉力弹簧；7—带楔形支座的制动蹄

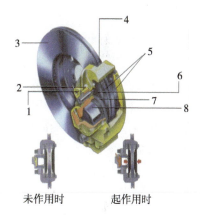

未作用时　　　起作用时

图 5-42 盘式制动器的组成

1—橡胶衬套；2—塑料套；3—制动盘；4—制动钳支
架；5—摩擦块；6—活塞防尘罩；7—油封；8—活塞

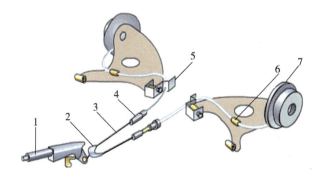

图 5-43 驻车制动装置

1—操纵杆；2—平衡杠杆；3—拉绳；4—拉绳调整接头；5—拉绳支架；
6—拉绳固定夹；7—制动器

三、任务实施

（一）任务实施环境

器材及工具准备：

（1）迈腾轿车；

（2）拆装工具；

（3）扭力扳手；

（4）举升机。

（二）任务实施流程

检查制动片磨损程度—拆卸车轮—拆卸制动卡钳—更换制动片—安装车轮—试验制动效果。

（三）任务实施步骤

1. 检查制动片磨损程度

根据维修手册来判断制动片是否需要更换。

2. 拆卸车轮

（1）在不举升车辆的情况下按照对角线的顺序旋松轮胎螺栓。

（2）举升车辆使车轮离地，检查举升机固定情况，旋出轮胎螺栓，拆卸车轮。

（3）继续举升车辆至合适位置。

（4）拆卸制动卡钳。

（5）拆卸制动片。

（6）更换制动片。

（7）安装制动卡钳，使用扭力扳手拧至规定力矩。

（8）将车辆降落至离地20 cm处，旋入轮胎螺栓。

（9）将车辆降落着地，用扭力扳手将轮胎螺栓拧至规定力矩。

3. 制动力检查

进入驾驶室，脚踩制动踏板，反复踩踏三次，直至产生制动回弹现象为止。

四、拓展知识

汽车底盘的驱动形式与发动机及驱动桥的相对位置有关，一般有以下4种驱动形式。

1. 发动机前置后轮驱动

发动机前置后轮驱动形式简称前置后驱（Front engine Rear wheel drive，FR）。这是一种传统的布置形式，其广泛适用于各种大、中型的载货汽车，以及微型汽车和部分高级轿车上，其特点是：需要一根较长的传动轴，以致增加了车重，影响了传动系统的效率。

2. 发动机前置前轮驱动

发动机前置前轮驱动形式简称前置前驱（Front engine Front wheel drive，FF）。这种布置形式在变速器与驱动桥间省去了万向节和传动轴，使结构简单紧凑。由于前轮为驱动轮，故有助于提高汽车在高速行驶时操纵的稳定性。根据发动机布置的方向可以分为发动机前横置前轮驱动和发动机前纵置前轮驱动。这种布置形式目前广泛应用于轿车和微型汽车上，但这种布置形式的爬坡性能差，豪华轿车一般不采用，而是采用传统的"前置后驱"的形式。

3. 发动机后置后轮驱动

发动机后置后轮驱动形式简称后置后驱（Rear engine Rear wheel drive，RR）。这种布置形式是将发动机安装在汽车的后部，发动机的冷却条件差，发动机、离合器和变速器的操纵机构都较复杂，但具有车内噪声低、空间利用率高等优点，广泛应用于大客车上，也有少数的轿车和微型汽车采用此方式。

4. 发动机前置全轮驱动

发动机前置全轮驱动形式简称前置全驱（n Wheel Drive，nWD）。nWD 是 nWheel Drive 的缩写（n 代表驱动轮数），表示全轮驱动形式。比如 4WD 就是 4 轮驱动，在变速器后设置有一个分动器，其将变速器输出的动力分配给前后两驱动桥，前驱动桥可根据需要用换挡拨叉接通或断开。这种布置形式使所有的车轮都是驱动车轮，大大提高了汽车的越野性能，广泛应用于越野汽车、特种车和军用轿车上。

任务二　汽车底盘电控系统的认知

一、情境描述

一天早上，李先生悦动轿车的仪表上出现了 (ABS) 指示灯常亮现象，他立刻以安全速度行驶到维修站进行检查。汽车维修技师使用诊断仪对李先生悦动轿车的底盘系统进行了详细的检查，然后建议更换 ABS 系统的一个轮速传感器。作为维修技工，需要根据维修手册，正确使用相关工具，对轮速传感器进行更换。要完成这个工作任务，首先需要掌握汽车底盘电控系统的相关知识。

二、相关知识

（一）自动变速器

所谓自动变速器是指汽车驾驶中离合器的操纵和变速器的操纵都实现了自动化，简称 AT（Automatic Transmission，AT）。自动变速器可根据发动机负荷和车速等工况的情况变换传动比，使汽车获得良好的动力性和燃油经济性。目前，自动变速器的自动换挡过程都是由自动变速器的电子控制单元（ECU）控制的，因此自动变速器可简称为 EAT、ECAT、ECT 等。由于自动变速器能够根据发动机负荷和车辆行驶速度自动换挡，从而简化了驾驶操作，使驾驶员不再需要掌握手动变速器复杂的换挡操作过程就可以轻松驾驶车辆，所以近年来自动变速器的装车率逐年上升。

1. 自动变速器的分类

自动变速器可以按结构和控制方式、车辆驱动方式、挡位数的不同分类。

1）按结构和控制方式

自动变速器按结构和控制方式的不同，可以分为液力式自动变速器、无级自动变速器和机械式自动变速器。

（1）液力式自动变速器（AT）是目前应用最广泛、技术最成熟的自动变速器，如图5-44所示。按照控制方式不同，液力自动变速器可以分为液控自动变速器和电控液力自动变速器，目前轿车上都采用电控液力自动变速器；按照变速机构不同，液力自动变速器又可以分为行星齿轮自动变速器和非行星齿轮的变速器，行星齿轮自动变速器又可以分为辛普森式、拉维娜式。

动画5-9 自动变速器传动原理

（2）机械式自动变速器（AMT）在原有手动、有级、普通齿轮变速器的基础上增加了电子控制系统，来自动控制离合器的接合、分离和变速器挡位的变换，如图5-45所示。机械式自动变速器由于原有的机械传动结构基本不变，所以齿轮传动固有的传动效率高、结构紧凑、工作可靠等优点被很好地继承下来。

图5-44 液力式自动变速器

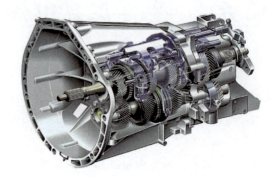

图5-45 机械式自动变速器

（3）无级自动变速器（CVT）采用传动带和工作直径可变的主、从动轮相配合来传递动力，可以实现传动比的连续改变，如图5-46所示。这也是一种具有广阔发展前景的自动变速器，已在部分汽车上应用。

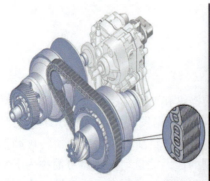

图5-46 无级自动变速器

（4）有级式双离合机械自动变速器（DCT、DSG）有别于一般的自动变速器系统，它基于手动变速器而又属于自动变速器，除了拥有手动变速器的灵活性及自动变速器的舒适性外，还能提供无间断的动力输出，如图5-47所示。而传统的手动变速器使用一台离合器，在换挡时，驾驶员须踩下离合器踏板，使不同挡的齿轮做出啮合动作，而动力就在换挡期间出现间断，令输出表现有所断续。

图5-47 有级式双离合机械自动变速器

2. 电控液力变速器的基本组成

电控液力自动变速器主要由液力变矩器、齿轮变速机构、液力操纵系统和电子控制系统四部分组成。

1）液力变矩器

液力变矩器是一个通过自动变速器油（ATF）传递动力的装置，它可以在一定范围内自动、连续地改变转矩比，以适应不同行驶阻力的要求；它还具有离合器的功用，在发动机不熄火、自动变速器位于动力挡的情况下，汽车可以处于停车状态，驾驶员可通过控制节气门开度控制液力变矩器的输出转矩，逐步加大输出转矩，实现动力的柔和传递。

2）齿轮变速机构

齿轮变速机构可形成不同的传动比，组合成电控变速器不同的挡位。它可以在液力变矩器的基础上将转矩增大2~4倍，以提高汽车的行驶适应能力，还可以实现倒挡的传动。

3）液压操纵系统

换挡执行元件：电控液力自动变速器中换挡执行元件的功用和手动变速器的同步器有相似之处，但电控液力自动变速器中的换挡执行机构受电液系统控制，而手动变速器的同步器由人工控制。电控液力自动变速器中的换挡执行机构包括离合器、制动器和单向离合器三种。

液压控制系统：电控液力自动变速器中液压控制系统主要控制换挡执行机构的工作，由液压泵及各种液压控制阀和液压管路等组成。

3. 电子控制系统

电控液力自动变速器中电子控制系统与液压控制系统配合使用，通常把它们合称为电液控制系统，如图5-48所示。电子控制系统主要包括电子控制单元、各类传感器及执行器等。电子控制系统中的传感器及各种控制开关将发动机工况、车速等信号传递给电子控制单元，电子控制单元发出指令给执行器，执行器和液压系统按一定的规律控制换挡执行机构工作，实现电控液力自动变速器自动换挡，如图5-49所示。

4. 电控自动变速器的挡位介绍

自动变速器换挡方式有按钮式和拉杆式两种类型，驾驶员可以通过其进行挡位选择。按钮式一般布置在仪表板上；拉杆式即换挡操纵手柄，可布置在转向柱或驾驶室地板上，通过连杆机构或钢索与液压系统控制元件的手动阀相连接，为液压系统及电控系统提供操纵信号。

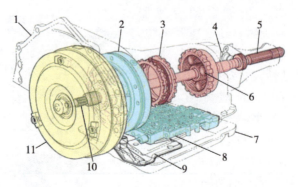

图 5-48 自动变速器的组成结构

1—壳体；2—油泵；3—离合器片；4—速度传感器；5—输出轴；6—行星齿轮变速器；7—底壳；8—电子-液压控制系统；9—滤清器；10—输入轴；11—变矩器

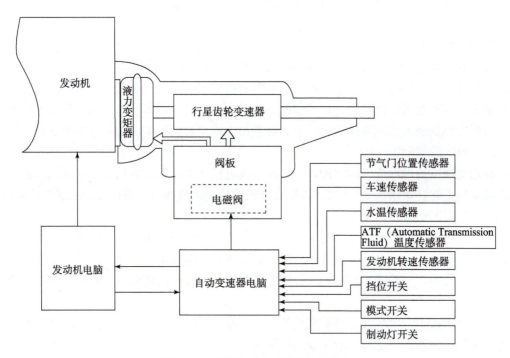

图 5-49 电控自动变速器的换挡控制

自动变速器的换挡操纵手柄通常有 4~7 个位置，如本田车系有 7 个位置，分别为 P、R、N、D4、D3、2、1；丰田车系操纵手柄的位置为 P、R、N、D、2、L；日产车系操纵手柄的位置为 P、R、N、D、2、1；欧美部分车系操纵手柄的位置为 P、R、N、D、S、L 或 P、R、N、D、3、2、1 等。丰田轿车系列常见的换挡手柄位置如图 5-50 所示，其功能如下：

（1）P 位——驻车挡。变速杆置于此位置时，驻车锁止机构将自动变速器输出轴锁止。

（2）R 位——倒挡。变速杆置于此位置时，液压系统倒挡油路被接通，驱动轮反转，实现倒向行驶。

（3）N 位——空挡。变速杆置于此位置时，所有机械变速器的齿轮空转，不能输出动力。

（4）D 位——前进挡。变速杆置于此位置时，液压系统控制装置根据节气门开度信号和车速自动接通相应的前进挡油路，行星齿轮变速器在换挡执行元件的控制下得到相应的传动比。随着行驶条件的变化，在前进挡中自动升降挡，实现自动变速功能。例如，对于四挡自动变速器，当变速杆置于 D 位，且超速挡（OD）开关 ON 时，自动变速器会在 1 挡、2 挡、3 挡和 4 挡间自动切换。但当 OD 开关位于 OFF 位置时，自动变速器不会升至 4 挡（超速挡简称 OD 挡）。

（5）2 位——高速发动机制动挡。变速杆置于此位置时，液压控制系统只能接通前进挡中的 1、2 挡油路，自动变速器只能在这两个挡位间换挡，无法升入更高的挡位，从而使汽车获得发动机制动效果。

（6）L 位（也称 1 位）——低速发动机制动

图 5-50　自动变速器的挡位

挡。变速杆置于此位置时，汽车被锁定在前进挡的 1 挡，只能在该挡位行驶而无法升入高挡，发动机制动效果更强。

2 位和 L 位多用于山区等路况的行驶，可避免频繁换挡，提高变速器的使用寿命。发动机只有在变速杆置于 N 或 P 位时汽车才能起动，此功能靠空挡启动开关来实现。

5. 自动变速器挡位使用注意事项

（1）汽车行驶中，不可频繁移动选挡手柄。

（2）汽车行驶中，严禁同时踩下制动踏板和加速踏板。

（3）车停稳后方可挂 P 挡，汽车行驶中熄火要挂 N 挡，再重起发动机。

（4）避免拖车，或拖车速度 <50 km/h，且距离 <50 km。拖车时最好抬起驱动轮或卸下传动轴。

（二）电控悬架系统

传统悬架设计中，对缓冲和减振的行驶平顺性要求与对抑制转向侧倾、加速俯仰和制动"点头"等的行驶稳定性、安全性要求往往互相矛盾。随着高速公路的迅速发展，以及人们对汽车平顺性和安全性要求的提高，传统的被动悬架已不能满足要求，人们希望悬架的刚度、减震器的阻尼系数、车身高度等参数都能随汽车载荷、行驶速度、路面状况等行驶条件自动调整，使悬架性能总是处于最佳状态，于是各种形式的电控悬架相继在一些高级轿车上采用，其中以电控主动空气悬架的应用最为广泛。

1. 电子控制悬架系统的功能

电控悬架相比较传统悬架，其功能主要如下：

（1）车高调整；

（2）减震器阻尼力控制；

（3）弹簧刚度控制；

（4）车身姿态控制（即侧倾刚度控制）等。

目前，汽车的电控悬架系统根据控制理论不同主要可分为半主动式和主动式两大类。

半主动式电控悬架可根据路面情况和行驶状态及车身的响应对悬架的阻尼力进行控制，有阻尼力有级可调的有级半主动式和阻尼力连续可调的无级半主动式两种，不需要外加动力源，工作时几乎不消耗动力，但是在转向、起步、制动等工况不能对参数实施有效控制。

主动式悬架可以供给和控制动力源（油压、气压），是一种具有做功能力的悬架。因此，主动悬架需要一个动力源（液压泵或空气压缩机等）为悬架提供连续的动力输入，当汽车载荷、行驶速度、路面状况、起动、制动、转向等行驶条件发生变化时，主动悬架系统能自动调整悬架刚度、阻尼以及车身高度等控制参数，从而满足汽车行驶平顺性、操纵稳定性等各方面的要求。通常，我们把用于提高平顺性的控制称为路面感应控制，而将用于增加稳定性的控制称为车身姿态控制。

动画 5 – 10　电控空气悬架组成

动画 5 – 11　电控空气悬架原理

2. 电子控制悬架系统的组成

丰田雷克萨斯（LEXUS）LS400 轿车电子控制悬架系统的组成示意图如图 5 – 51 所示，其主要由空气压缩机、干燥器、排气电磁阀、高度电磁阀、高度控制开关、悬架电子控制单元、悬架控制开关、高度传感器、转向盘转角传感器、悬架控制执行器、空气弹簧、阻尼力可调减震器和节气门位置传感器等组成。其各组成部件的功能见表 5 – 1。

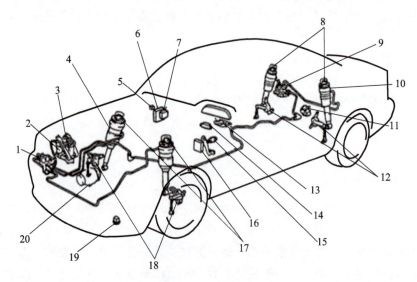

图 5 – 51　丰田雷克萨斯（LEXUS）LS400 轿车的电子控制悬架系统的组成

1—前高度控制电磁阀；2—干燥器和排气电磁阀；3—空气压缩机；4—前空气弹簧和减震器；5—高度控制连接器；6—发动机和变速器 ECU；7—悬架 ECU；8—后悬架控制执行器；9—后高度控制电磁阀；10—后空气弹簧和减震器；11—后加速度传感器；12—后高度传感器；13—高度控制开关；14—转向传感器；15—制动灯开关；16—车身 ECU；17—前悬架控制执行器；18—带前加速度传感器的前高度传感器；19—空气悬架继电器；20—发电机 IC 调节器

表 5 - 1 LS400 轿车电控悬架系统各部件功能

序号	部件	功能
1	悬架控制执行器	改变悬架弹簧的刚度和阻尼力
2	1 号高度控制继电器	向空气压缩机供电
3	IC 调节器	调节交流发电机的电压
4	空气压缩机	提供压缩空气
5	干燥器	吸收压缩空气中的水分
6	排气阀	控制空气弹簧中空气的排出
7	高度控制传感器	检测汽车高度变化并传入 ECU
8	1、2 号高度控制阀	向 4 个空气弹簧充入或放出压缩空气
9	制动灯开关	检测制动踏板是否踩下及踩下的快慢
10	汽车高度指示灯	显示汽车高度，当悬架系统出故障时进行报警
11	汽车平顺性指示灯	提示悬架刚度和阻尼力处于自动控制模式
12	1 号速度传感器	检测汽车行驶速度
13	悬架控制开关	由平顺性控制开关、悬架刚度和阻尼力选择开关及高度控制开关组成
14	转向传感器	检测转向轮的偏转角度
15	门控开关	检测车门状态（开或关）
16	高度控制 ON/OFF 开关	允许或禁止汽车高度自动调节
17	2 号高度控制继电器	向高度传感器供电
18	高度控制连接盒	不通过 ECU 调节汽车高度
19	发动机和变速器 ECU	将节气门位置传感器信号传输给悬架 ECU
20	悬架控制 ECU	控制悬架刚度、阻尼力和汽车高度

3. 电子控制悬架系统的工作原理

LS400 电脑根据行车条件自动调整车身高度，通过控制阻尼力的强弱来消除车辆行驶中的不平衡，可以使车辆在颠簸路面上保持平稳姿态，并自动调整车辆在紧急制动时的前倾和急加速时的后仰，以保证乘坐的舒适性。LS400 电控悬架控制示意图如图 5 - 52 所示。

（三）电动助力转向系统

传统动力转向系统只能提供固定的放大倍率，无法同时满足低速时转向轻便灵活、高速时具有较好转向手感的要求。为了使动力转向系统能根据车速、转向情况等对转向助力实施控制，现采用电子控制，即电控动力转向系统（Electrical Power Steering，EPS）。EPS 在车速较低时可以提供较大的放大倍率，在高速时可以适当减小放大倍率，以稳定转向手感。

EPS 按照转向动力源的不同分为液压式 EPS 和电动式 EPS。

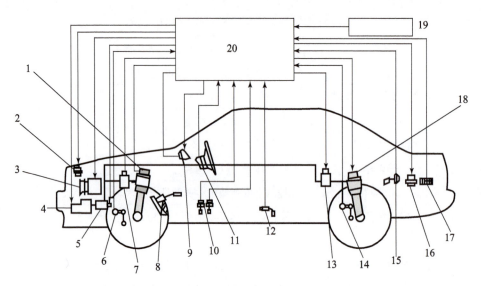

图 5 – 52　LS400 电控悬架控制示意图

1—前悬架调节执行器；2—1 号高度控制继电器；3—发电机电压调节器；4—悬架高度调节空气压缩机；5—
空气干燥器和排气电磁阀；6—前悬架高度传感器；7—1 号高度阀控制；8—停车灯开关；9—车高调节指示
灯，LRC 指示灯，1 号速度传感器；10—悬架控制开关；11—转向角传感器；12—门控开关；13—2 号高度阀
控制；14—后悬架高度传感器；15—车高调节控制开关；16—2 号高度控制继电器；17—车高调节信号接口；
18—后悬架调节执行器；19—发动机和变速器电脑；20—悬架控制电脑

1. 液压式 EPS 系统

液压式 EPS 是在传统液压动力转向系统的基础上增设了液体流量的控制装置、各种传感器和电子控制单元等形成的。

ECU 根据车速传感器等信号，调节动力转向装置供应的压力油液，改变油液的输入、输出流量，以控制转向助力的大小。

日产轩逸轿车电控动力转向系统是典型的流量控制式 EPS，其结构特点是在转向液压泵与转向机体之间设有旁通流量控制阀。蓝鸟轿车电控动力转向系统的结构组成如图 5 – 53 所示。

动画 5 – 12　液压助力转向系统的组成

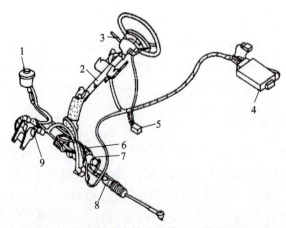

图 5 – 53　蓝鸟轿车电控动力转向系统的结构组成

1—加油箱；2—转向柱；3—转向角速度传感器；4—EPS 控制器；5—转向角速度传感器连接器；6—旁通流量控制阀；7—EPS 控制线圈；8—转向传动机构；9—机油泵

电控单元ECU根据车速传感器、转向角速度传感器和选择开关等发出的信号，并结合汽车的行驶状态向旁通流量控制阀发出控制信号，控制旁通流量，从而调整向转向器供油的流量，以改变转向助力的大小。

有些车型上装用的电控液压式动力转向系统也可以算是流量控制式的，但不是通过流量控制阀来控制转向助力的大小，而是通过控制转向助力泵的转速来控制转向助力的大小，如大众轿车上装用的动力转向系统。

图5-54所示为上海大众轿车采用的电控液压动力转向系统，齿轮式的转向助力油泵是由电脑控制的电动机驱动的，电脑根据车速等信号，控制电动机的转速，从而调整转向助力的大小。

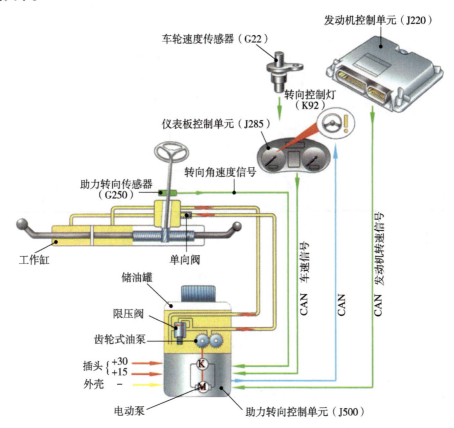

图5-54 大众电控液压动力转向系统

2. 电动式 EPS 系统

电动式电控动力转向系统是一种直接依靠电动机提供辅助转矩的电动助力式转向系统。电动式EPS的类型如图5-55所示。

1）电动式EPS的组成

电动式EPS主要由转矩传感器、车速传感器、控制元件、电动机和减速器组成，其详细结构如图5-56所示。

（1）转矩传感器，其作用是测量转向盘与转向器之间的相对转矩，以作为电动助力的依据。其原理为：扭矩传感器通过扭杆将转动转向盘时的转矩转变为转角信号输送给电子控制装置。

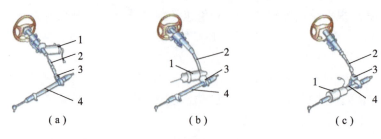

（a）　　　　　　　　　（b）　　　　　　　　　（c）

图 5-55　电动式 EPS 的类型

（a）转向轴助力式；（b）转向齿轮助力式；（c）转向齿条助力式
1—电动机；2—转向轴；3—转向齿轮；4—转向齿条

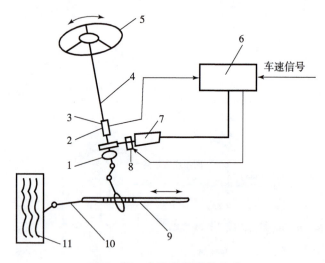

车速信号

图 5-56　电动式 EPS 的组成

1—输出轴；2—扭杆；3—扭矩传感器；4—转向轴；5—转向盘；6—ECU；7—电动机；
8—电磁离合器；9—转向齿条；10—横拉杆；11—转向轮

（2）电动机、离合器和减速机构。助力电动机、离合器与转向传感器均安装在转向器内。电控装置根据车速和转向盘的转动情况，向电动机和离合器输出控制电流，电动机的旋转力矩经减速机构传给小齿轮，实现转向助力。

（3）车速传感器。电磁感应式车速传感器安装在变速器输出轴上，当车速传感器有故障时，由于没有车速信号输送给电控单元，故系统处于安全状态，即系统变为普通的转向系统的工作状态。

（4）交流发电机 L 端子。将交流发电机 L 端子的电压信号输送给电子控制装置，以判断发动机是否开始转动。

（5）电子控制装置。电子控制装置由一个微型计算机、一个半导体芯片（MC6805）及其外围电路组成。

2）电动式 EPS 的工作过程

点火开关接通（ON）时，给电子控制装置加上电源（即接通电子控制装置与蓄电池接通），电动转向系统开始工作。

在发动机起动的同时，将交流发电机 L 端子的电压信号输送给电子控制装置，以感知发动机的起动状态，使电动转向系统变为工作状态。

汽车在行驶过程中，电子控制装置对车速传感器和转矩传感器送来的电信号进行对比运算后，向电动机和电磁离合器发出控制指令（电信号），给电动机通以相应的电流使其转动，电动机输出轴经减速机构对转向小齿轮助力。

（四）防抱死制动系统

行车安全控制系统主要包括防抱死制动系统 ABS、驱动防滑控制系统 ASR 和电子稳定性控制系统 ESP。ABS 系统的作用是通过对区域抱死车轮的制动压力进行自适应循环调节，来防止被控制车轮发生抱死。ASR 系统就是利用控制器控制车轮与路面的滑移率，防止汽车在加速过程中打滑，特别是防止汽车在非对称路面或转弯时驱动轮发生空转，以保持汽车行驶方向的稳定性、操纵性和维持汽车的最佳驱动力以及提高汽车的平顺性。ESP 则整合了 ABS 和 ASR 的功能，通过有针对性的单独制动各个车轮，在紧急躲避障碍物或转弯时出现转向不足或转向过度时使车辆避免偏离理想轨迹，可降低各种场合下发生侧滑的危险。

动画 5 - 13 ABS、ASR 工作原理框图

1. 防抱死制动系统（ABS）的作用

由于 ABS 能够使被控制的车轮获得较大的纵向和横向的附着力，因此可以大大提高汽车的行驶性能，具体有以下几个方面的作用：

（1）缩短制动距离。ABS 能保证汽车在雨后、冰雪及泥泞路面上获得较高的制动效能，防止汽车侧滑甩尾（松散的沙土和积雪很深的路面除外）。

（2）保持汽车制动时的方向稳定性。

（3）保持汽车制动时的转向控制能力。

（4）减少汽车制动时轮胎的磨损。ABS 能防止轮胎在制动过程中产生剧烈的拖痕，提高轮胎的使用寿命。

（5）减少驾驶员的疲劳强度（特别是汽车制动时的紧张情绪）。

2. 防抱死制动系统（ABS）组成

一般来说，ABS 系统是在传统制动的基础上增加了制动力调节系统，主要包括轮速传感器、电子控制器 ECU、执行器（即制动压力调节器和 ABS 警告灯）等，如图 5 - 57 所示。

制动时 ECU 接收传感器的信号，当车轮将要被抱死的情况下，ECU 发出控制信号，通过执行机构控制制动器的制动力使车轮不被抱死。

ABS 按照控制通道数目可以分为四通道系统、三通道系统、二通道系统和单通道系统。

四通道 ABS 系统结构如图 5 - 58 所示。为了对四个车轮的制动压力进行独立控制，在每个车轮上各安装一个轮速传感器，并在通往制动轮缸的制动管路中各设置一个制动压力调节装置（通道）。由于四通道 ABS 可以最大限度地利用每个车轮的附着力进行制动，因此汽车的制动效能最好。但在附着系数分离（两侧车轮的附着系数不相等的路面上制动）时，由于同一轴上的制动力不相等，使得汽车产生较大的偏转力矩而制动跑偏。因此，ABS 通常不对四个车轮进行独立的制动压力调节。通常四通道 ABS 系统较少采用。

四轮 ABS 系统大多为三通道系统，而三通道系统都是对两前轮的制动压力进行单独控制，对两后轮的制动压力按低选原则一同控制，这样对于后轮驱动的汽车可以在变速器或

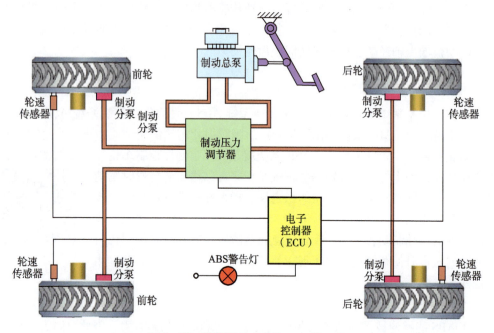

图 5 – 57　防抱死制动系统 ABS 的组成

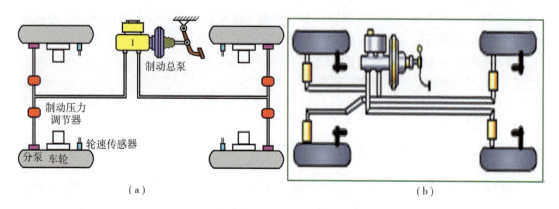

（a）　　　　　　　　　　　　　　　　　（b）

图 5 – 58　四通道 ABS

（a）四传感器四通道/四轮独立控制对应于双制动管路的 H 型（前后）布置形式；（b）四传感器四通道/
前轮独立 – 后轮选择控制对应于双制动管路的 X 型（对角）布置形式

主减速器中只设置一个转速传感器来检测两后轮的平均转速。三通道 ABS 系统可充分利用前轮附着力，因此，制动距离短方向稳定，被广泛采用，如图 5 – 59 所示。

　　两通道 ABS 系统如图 5 – 60 所示。前后制动管路各设一个制动压力调节器，对两前轮和两后轮进行一同控制，两前轮可据附着条件进行高选和低选转换，两后轮则按低选原则一同控制。由于双通道 ABS 难以在方向稳定性、转向操纵能力和制动距离等方面得到兼顾，因此目前很少被采用。

　　单通道 ABS 系统如图 5 – 61 所示，所有单通道 ABS 都是在前后布置的双管路制动系统的后制动管路中设置一个制动压力调节装置，对于后轮驱动的汽车只需在传动系统中安装一个转速传感器。由于前制动轮缸的制动压力未被控制，前轮仍然可能发生制动抱死，所以汽车制动时的转向操作能力得不到保障。但由于单通道 ABS 能够显著地提高汽车制动

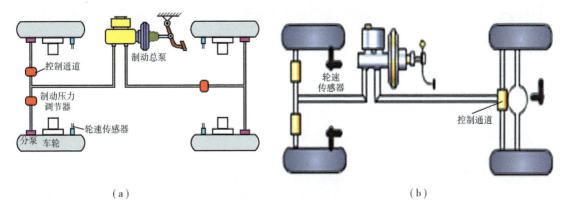

（a）　　　　　　　　　　　　　　　（b）

图 5 – 59　三通道 ABS

（a）四传感器三通道/前轮独立、后轮低选控制方式；（b）三传感器三通道/前轮独立、后轮低选控制方式

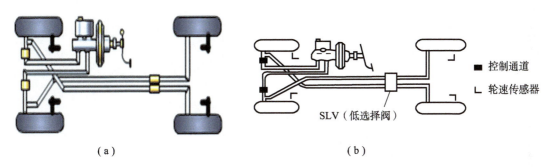

（a）　　　　　　　　　　　　　　　（b）

图 5 – 60　二通道 ABS

（a）四传感器二通道/前轮独立控制方式；（b）四传感器二通道/前轮独立、后轮低选控制方式

时的方向稳定性，又具有结构简单、成本低的优点，因此在轻型货车上得到广泛应用。

3. 防抱死制动系统（ABS）的调节过程

（1）建压阶段：制动时，通过助力器和总泵建立制动压力，此时常开阀打开、常闭阀关闭，制动压力进入车轮制动器，车轮转速迅速降低，直到 ABS 电子控制单元通过转速传感器得到的信号识别出车轮有抱死的倾向为止。

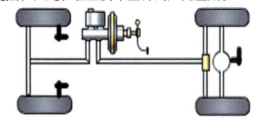

图 5 – 61　单通道 ABS（一传感器一通道/后轮近似低选控制系统制动方式）

（2）保压过程：ABS 电子控制单元通过转速传感器得到的信号识别出车轮有抱死的倾向时，ABS 电子控制单元即关闭常开阀，此时常闭阀仍然关闭。

（3）减压过程：如果施加的制动压力过大，车轮比车身更急速地减速，即将要发生车轮抱死现象。在这种情况下 ECU 会向 HCU 传达降低车轮压力的指令，即常开阀隔断油路，常闭阀的油路开启，以降低车轮分泵的压力。此时车轮分泵放出的制动油临时储存到低压储油器（LPA），之后储存于 LPA 内的制动油将被随马达旋转而启动的油泵抽回到总泵。

（4）增压过程：实施减压时，如果排出过量的制动液或者车轮与路面间的摩擦系数增加，则需要增加各车轮的压力。在这种状态下 ECU 向 HCU 传达增加车轮压力的指令，即常开阀开启油路，常闭阀关闭油路，以增加车轮分泵的压力。

防抱死制动系统压力调节频率为每秒钟 5～10 个循环（降压 + 保压 + 升压为一个循环）。

4. ABS 的使用注意事项

装备 ABS 的车辆容易出现的一些问题：

（1）发动机起动后，有时发动机舱内发出类似撞击的声音。

（2）某些装有 ABS 的汽车在发动机起动时，踏下制动踏板会弹起，而在发动机熄火时制动踏板会下沉。

（3）制动时转动转向盘，会感到转向盘有轻微的振动。

（4）制动时，有时会感到制动踏板有轻微下沉或轻微振动，是由于制动分泵高速收放时高压的制动液被频繁挤压而产生的。

（5）高速行驶急转弯或冰滑路面上行驶时，会出现制动警告灯亮起的现象。

（6）在积雪路面上制动时，有时制动距离较长。

（7）装有 ABS 的汽车在制动后期，车轮也会被抱死，在地面留下拖滑的印痕，但与常规制动时的印痕有所不同。

三、任务实施

（一）任务实施环境

器材及工具准备：

（1）悦动轿车 4 辆；

（2）Hi－DS 故障诊断仪；

（3）数字万用表；

（4）150 件世达工具；

（5）举升机。

（二）任务实施流程

故障分析：ABS 灯常亮的原因主要包括轮速传感器故障、机械故障、液压系统故障和仪表故障。

（三）任务实施步骤

（1）将仪器连接至车辆故障诊断座，打开点火开关，读取故障码。

（2）检查右前轮轮速传感器连接端子是否接触牢固，若不牢固，则断开连接器对传感器进行检查（注意：当测量输出电压时，为保护轮速传感器，必须使用 75 Ω 电阻）。

（3）检查工作波形（正常工作波形：低电压为 0.44～0.63 V，高电压为 0.885～1.26 V，频率为 1～2 500 Hz）。

（4）如测量数据不符合标准，则更换轮速传感器。

四、拓展知识

电子稳定程序系统 ESP 是英文 Electronic Stability Program 的缩写，中文译成"电子稳定程序"。ESP 系统的功能是监控汽车的行驶状态，在紧急躲避障碍物或转弯出现不足转向或过度转向时，使车辆避免偏离理想轨迹。它综合了 ABS（防抱死制动系统）、BAS（制动辅助系统）和 ASR（加速防滑控制系统）三个系统，功能更为强大。

动画 5-14 ESP 的组成

电子稳定程序系统通常起到支援 ABS 及 ASR（驱动防滑系统，又称牵引力控制系统）的作用。它通过对从各传感器传来的车辆行驶状态信息进行分析，然后向 ABS、ASR 发出纠偏指令，来帮助车辆维持动态平衡。ESP 可以使车辆在各种状况下保持最佳的稳定性，在转向过度或转向不足的情形下效果更加明显。

ESP 一般需要安装转向传感器、车轮传感器、侧滑传感器、横向加速度传感器等。ESP 可以监控汽车的行驶状态，并自动向一个或多个车轮施加制动力，以保证车辆在正常的车道上运行，甚至在某些情况下可以进行 150 次/s 的制动。如今 ESP 有 3 种类型：能向 4 个车轮独立施加制动力的四通道或四轮系统；能对两个前轮独立施加制动力的双通道系统；能对两个前轮独立施加制动力和对后轮同时施加制动力的三通道系统。

动画 5-15 ESP 的原理

 项目总结

（1）汽车底盘机械系统由传动系统、行驶系统、转向系统和制动系统四部分组成。

（2）手动变速器内部通过齿轮啮合形成不同的传动比。

（3）行驶系统主要由车轮、车架、减震器和弹性元件等组成。

（4）转向系统分为机械转向系统和动力转向系统。

（5）行车制动系统有鼓式制动器和盘式制动器两种。

（6）自动变速器分为有级自动变速器和无级自动变速器。

（7）电动助力转向系统分为液压式 EPS 系统以及电动式 EPS 系统。

（8）ABS 系统主要由轮速传感器、电子控制器 ECU、执行器（即制动压力调节器和 ABS 警告灯）等组成。

项目六

汽车电气
系统认知

📝 概述

汽车电气系统是汽车的重要组成部分之一，它的性能好坏直接影响汽车的动力性、经济性、可靠性、安全性、舒适性以及排放等性能。汽车电气系统是现代汽车发展水平的一个重要标志，其科技含量已成为衡量现代汽车档次的重要指标之一。随着科技的发展及集成电路和微型电子计算机在汽车上的广泛应用，电器设备的数量在增加、功率在增大，产品的质量、性能在提高，结构更趋于完善。

在本项目中我们主要针对汽车电路基础元件的认知、汽车电气系统的认知这两个任务展开学习。

🔧 学习要求

知识目标	能力目标	权重
1. 掌握汽车电路基础元件的功用、结构与工作原理； 2. 掌握汽车电气各系统的功用、结构与工作原理	1. 能在实车上找到汽车电路各元件和汽车电气各系统的位置； 2. 能拆装汽车电路各元件，也能拆装汽车电气各系统的组成部分	40% 60%

任务一　汽车电路基础元件的认知

一、情境描述

在今天的"汽车电气"课堂上老师让我们拆画北京现代悦动轿车的前照灯电路。我们要完成这个工作任务，首先需要掌握汽车电路基础元件的相关知识。

二、相关知识

汽车电路基础元件主要包括导线、电路保护装置、插接器、各种开关和继电器等，它们是汽车电路的组成部分，也称为汽车电路的中间装置。

（一）导线

汽车电路是由导线连接起来的，导线均为绝缘包层多股铜线。按承受电压的高低，可分为低压导线和高压导线两种，如图6-1所示。

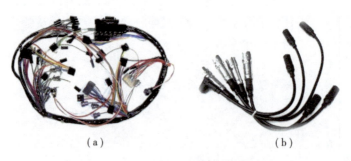

（a）　　　　　　　　　　　　　　　（b）

图6-1　低压导线和高压导线

（a）低压导线；（b）高压导线

低压导线按其用途可分为普通低压导线和低压电缆线两种。汽车充电系统、仪表、照明、信号及辅助电器设备等，均使用普通低压导线，而起动机与蓄电池的连接线、蓄电池与车架的搭铁线等则采用低压电缆线。

高压导线在汽车上的应用主要是点火线，如点火线圈至火花塞之间的电路使用高压点火线。高压导线按其结构的不同又可分为普通铜芯高压线和高压阻尼线两种。

动画 6-1 汽车用保险

（二）电路保护装置

汽车上的电路保护装置主要有熔断器、易熔线和断路器，保护装置在电路中起安全保护作用。

1. 熔断器

熔断器是最简便且最有效的短路保护电器。熔断器中的熔片或熔丝用电阻率较高的易熔合金制成，例如铅锡合金等；或用截面积甚小的良导体制成，例如铜、银等。在正常工作情况下熔断器不应熔断，一旦发生短路或严重过载时，熔断器应立即熔断。可供选用的熔断器有多种形式，汽车上常用的是插片式熔断器。图 6-2 所示为熔断器的符号，图 6-3 所示为常用的几种熔断器实物。

图 6-2 熔断器符号

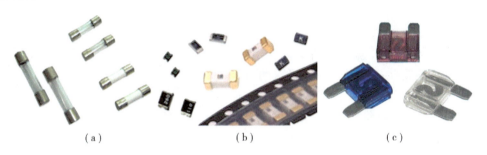

图 6-3 常用的几种熔断器实物

（a）玻璃管熔断器；（b）贴片熔断器；（c）插片式熔断器

2. 易熔线

易熔线是一种截面积小于被保护电线截面积、可长时间通过额定电流的铜芯低压导线或合金导线，用于保护工作电流较大的电路。当电流超过熔丝额定电流的一定值时，熔丝被烧断，从而保护了线路和电气设备免遭损坏。图 6-4 所示为易熔线的符号和实物。

图 6-4 易熔线

（a）易熔线符号；（b）易熔线实物

3. 断路器

断路器在电路中的作用是防止有害的过载（额外的电流），以保护电路。断路器是机械装置，如图 6-5 所示，它利用两种不同金属（双金属）的热效应断开电路。图 6-6 所示为断路器的工作原理图。从图中可以看出，如果额外的电流经过双

图 6-5 汽车用断路器实物

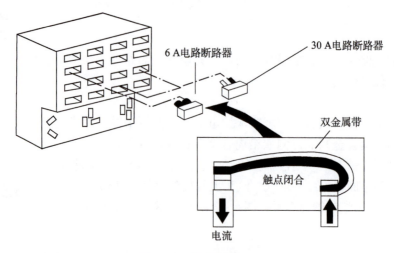

图 6 - 6 断路器原理图

金属带，双金属带弯曲，触点开路，阻止电流通过。当电路断路器冷却时，触点再次闭合，电路导通。当无电流时，双金属带冷却而使电路重新闭合，电路断路器复位。

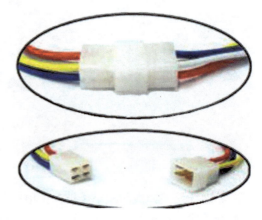

图 6 - 7 插接器实物

（三）插接器

插接器又称为连接器，由插头和插座组成，实物如图 6 - 7 所示。插接器是汽车电路中线束的中继站。线束与线束（或导线与导线）、线束（导线）与电器部件之间的连接一般都采用插接器。为了防止插接器在汽车行驶中脱开，所有的插接器均采用了闭锁装置。插接器示意图如图 6 - 8 所示。

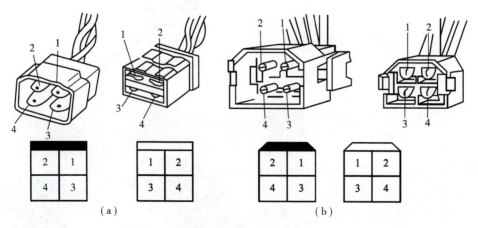

图 6 - 8 插接器示意图

（a）片状插脚的插头与插座；（b）柱状插脚的插头与插座

（四）各种开关

汽车上各种电器控制系统的工作均由开关控制。

1. 点火开关

汽车上的点火开关如图6-9所示。

动画6-2 开关的分类

图6-9 点火开关

动画6-3 点火开关的结构

2. 组合开关

汽车电路开关有组合开关和单体开关，现代小型汽车多采用组合开关，用于提高汽车的性能和乘坐舒适性，若采用较多的单体开关，则汽车内部布置会很乱。因此，现代汽车将很多功能相近的控制系统的开关组合在一起，如灯光系统组合开关、音响组合开关、空调组合开关、驾驶员位门组合开关等，如图6-10所示。

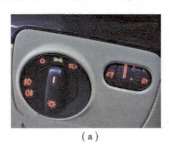
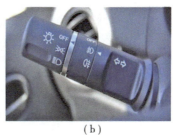

（a）　　　　　　　　　　　（b）

图6-10 汽车组合开关

（五）继电器

继电器常用于自动控制电路中，常用来接通和分断控制电路，是可用较小的电流来控制较大电流的一种自动开关。图6-11所示为继电器的符号，图6-12所示为常用的继电器。

动画6-4 继电器的符号

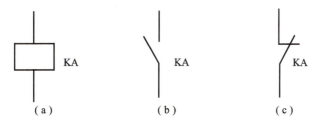

（a）　　　　　　　　　　（b）　　　　　　　　　　（c）

图6-11 继电器的符号

（a）线圈；（b）常开触点；（c）常闭触点

图6-12 常用继电器

动画6-5 继电器的分类

三、任务实施

（一）任务实施环境

器材及工具准备：

（1）实训车辆；

（2）实训车辆维修手册。

（二）任务实施步骤

（1）在实训车辆上查找导线、熔断器、易熔线、断路器、插接器、各种开关和继电器的实物安装位置。

（2）在实训车辆维修手册中查找导线、熔断器、易熔线、断路器、插接器、各种开关和继电器的相关符号。

通过以上的训练任务，充分认识和理解汽车电路基础元件的组成。

任务二 汽车电气系统的认知

一、情境描述

今天汽车4S店里来了一辆北京现代悦动轿车，它的前照灯远光不亮而近光正常，作为维修技工，要完成这个任务，就要先学会拆画维修手册上的前照灯电路，并掌握汽车电路基础元件的相关知识。

二、相关知识

（一）汽车电气系统的组成与特点

1. 汽车电气系统的组成

汽车电气设备由电源和用电设备两大部分组成。电源系统包括蓄电池和发电机及调节器，用电设备包括发动机的起动系统、照明与信号系统、仪表与报警系统、空调系统及其他辅助用电设备。

2. 汽车电气系统的主要特点

1）低压

汽车电气系统的额定电压主要有 12 V 和 24 V 两种。汽油车普遍采用 12 V 电源，柴油车多采用 24 V 电源（由两个 12 V 蓄电池串联而成）。汽车运行中的电压，一般 12 V 系统的为 14 V、24 V 系统的为 28 V。

2）直流

现代汽车发动机是靠电力起动机起动的，起动机由蓄电池供电，而向蓄电池充电又必须用直流电源，所以汽车电气系统为直流系统。

3）单线制

单线连接是汽车线路的特殊性，它是指汽车上所有电器设备的正极均采用导线相互连接，而负极则直接或间接通过导线与车架或车身金属部分相连。任何一个电路中的电流都是从电源的正极出发经导线流入用电设备后，再由电器设备自身或负极导线搭铁，通过车架或车身流回电源负极而形成回路，如图 6–13 所示。

由于单线制导线用量少、线路清晰、接线方便，因此广为现代汽车所采用。

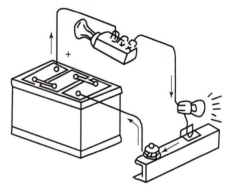

图 6–13 单线制电路

4）并联连接

各用电设备均采用并联，汽车上的两个电源（蓄电池与发电机）之间以及所有用电设备之间都是正极接正极、负极接负极，并联连接。

由于采用并联连接，所以汽车在使用中，当某一支路用电设备损坏时，并不影响其他支路用电设备的正常工作。

5）负极搭铁

采用单线制时蓄电池的一个电极需接至车架或车身上，即搭铁。蓄电池的负极接车架或车身称为负极搭铁，蓄电池的正极接车架或车身称为正极搭铁。负极搭铁对车架或车身金属的化学腐蚀较轻，对无线电干扰小。我国标准规定，汽车线路统一采用负极搭铁。

6）设有保险装置

为了防止因短路或搭铁而烧坏线束，电路中一般设有保护装置，如熔断器、易熔线等。

7）汽车线路有颜色和编号特征

为了便于区别各线路的连接，汽车所有低压导线必须选用不同颜色的单色或双色线，并在每根导线上编号。编号是由生产厂家统一编定的。

（二）汽车电器各系统的认知

1. 汽车双电源系统

汽车的电源系统主要包括蓄电池、发电机、点火开关和保险丝盒等，是双电源。汽车电源系统的作用为向用电设备提供低压直流电能。

1）蓄电池

（1）蓄电池的功用。蓄电池是汽车的辅助电源，是可逆的直流电源。用于汽车上的蓄电池的作用是为汽车发动机起动提供电能及在汽车停止的状态下给全车用电器供电。

视频 6-6 普通蓄电池的基本结构

（2）蓄电池的种类。蓄电池根据电解液分主要有两大类，即铅酸蓄电池（以下简称铅蓄电池）和镍碱蓄电池。目前汽车上使用的都是铅酸蓄电池。按蓄电池维护方式分类，常用的有普通式蓄电池和免维护式蓄电池，如图 6-14 所示。

（a）　　　　　　　　　　　（b）

图 6-14　铅酸蓄电池

（a）普通式蓄电池；（b）免维护式蓄电池

蓄电池一般安装在轿车的发动机舱内，也有部分轿车的蓄电池安装在轿车后备箱或者后排座椅的下方，如图 6-15 所示。

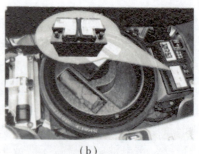

（a）　　　　　　　　　　　（b）

图 6-15　蓄电池在汽车上的安装位置

（a）蓄电池安装在发动机舱内；（b）蓄电池安装在后备箱内

2）发电机及调节器

（1）发电机的功用。发电机是汽车的主要电源，它与电压调节器互相配合工作，主要任务是对除起动机以外的所有用电设备供电，并向蓄电池充电。

（2）发电机的分类。发电机有交流和直流两种，交流发电机各方面的性能都优于直流发电机，所以在汽车上多采用交流发电机。

交流发电机按结构不同可分为普通交流发电机、整体式交流发电机和无刷交流发电机等，如图6-16所示。

动画6-7 交流发电机的结构

 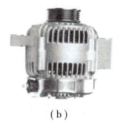 

（a） （b） （c）

图6-16 发电机的类型

（a）普通交流发电机；（b）整体式交流发电机；（c）无刷交流发电机

（3）调节器的功用。当发电机转速变化时，自动对发电机的电压进行调节，使发电机的电压稳定，以满足汽车用电设备的要求，如图6-17所示。

发电机一般安装在轿车发动机的前端，由曲轴皮带轮驱动，对于油电混合动力汽车来说，它的发电机和起动机为一体安装在发动机曲轴后端，如图6-18所示。

图6-17 调节器实物

2. 起动系统

起动系统的作用就是供给发动机曲轴足够的起动转矩，以便使发动机曲轴达到必需的起动转速，使发动机进入自行运转状态。当发动机进入自由运转状态后，起动系统便结束任务并立即停止工作。

发动机

（a）

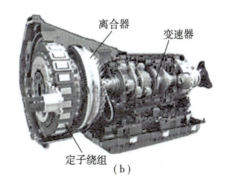

离合器 变速器

定子绕组

（b）

图6-18 发电机的安装位置

（a）普通轿车发电机安装位置；（b）混合动力汽车发电机安装位置

动画6-8 起动机的类型

发动机常用的起动方式有人力起动、辅助汽油机起动和电力起动机起动。现代汽车上均采用电力起动机起动，电力起动机简称起动机。

起动系统由蓄电池、起动机和起动控制电路等组成。起动机又由直流电动机、传动机构和控制机构组成，如图6-19所示。

直流电动机的作用是产生转矩。传动机构的作用是在发动机起动时，使起动机驱动齿轮啮入飞轮齿环，将起动机转矩传给发动机曲轴；而在发动机起动后，使驱动齿轮打滑与飞轮齿环自动脱开。控制机构主要用来接通和切断起动机与蓄电池之间的电路。

图6-19　起动机的组成

1—控制机构；2—直流电动机；

3—传动机构

3. 汽车照明与信号系统

汽车照明与信号系统的作用是在夜间或能见度较低的情况下，向驾驶员、乘客和交通管理人员提供照明，以及对其他车辆和行人进行提示或警告。

动画6-9　汽车灯的类型和功用

1）汽车照明灯具的类型和用途

外部照明灯具主要包括前照灯、雾灯和牌照灯等，如图6-20所示。

内部照明灯具主要包括仪表照明灯、仪表报警灯及指示灯、门灯、顶灯、阅读灯、行李箱灯、踏步灯和工作灯等，如图6-20所示。

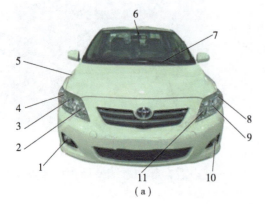
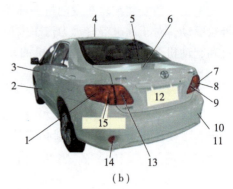

（a）　　　　　　　　　　　　（b）

图6-20　汽车各种类型灯

（a）汽车前部的灯

1—右前雾灯；2—右前照灯；3—右前小灯；4—右前转向灯；5—右侧转向灯；6—阅读灯；

7—仪表照明灯；8—左前转向灯；9—左前小灯；10—左前雾灯；11—左前照灯

（b）汽车后部的灯

1—左后尾灯和制动灯；2—左前门控灯；3—左侧转向灯；4—车内照明灯；5—高位制动灯；

6—行李箱灯；7—右后尾灯；8—制动灯；9—右后转向灯；10—右后倒车灯；11—右后雾灯；

12—牌照灯；13—左后倒车灯；14—左后雾灯

各种照明灯的用途：

（1）前照灯：远近光的变换——变换开关。

（2）防雾灯：单独开关控制，有雾的天气应用。

（3）仪表灯：看清仪表的指示。

（4）牌照灯：夜间照亮牌照。

（5）顶灯：车内照明。

（6）工作灯：检修车辆时用。

2）汽车信号灯的种类和用途

汽车信号系统主要包括转向信号灯、危急报警信号灯、制动信号灯、倒车灯、示廓灯、驻车灯、门控灯、尾灯和电喇叭等，如图 6-21 所示。

各种信号灯的用途：

（1）前后位灯：夜间与雾天显示车的位置和宽度。

（2）制动灯：向后车发出制动信号。

（3）转向灯：转向和变道时用。

（4）倒车灯：向后车发出信号。

（5）报警指示灯：种类和用途多样。

3）灯光控制开关

（1）灯光组合开关。绝大多数轿车的灯光开关都集成在一起，被称为组合开关，但也有将不同功能的灯光开关分开来布置的，如图 6-21 所示。

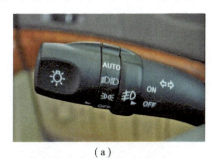 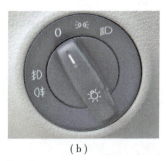

（a） （b）

图 6-21 灯光组合开关

(a) 车辆组合开关；(b) 捷达灯光开关

（2）应急开关。应急开关主要控制转向灯同时闪烁，其主要作用是当车辆出现故障或因其他原因停放在路边时，提示过往车辆注意躲避。应急灯开关位置如图 6-22 所示。

图 6-22 应急灯开关

（3）灯光开关的操作。

如图 6-23 所示，顺时针旋转捷达灯光开关，可以依次打开小灯（仪表/开关照明）和前照灯。在打开小灯或者前照灯后向外拨开开关旋钮，则依次开启前、后雾灯。

图 6-24 所示为转向灯开关和远近光灯开关。

图 6-23 捷达灯光开关

（a）

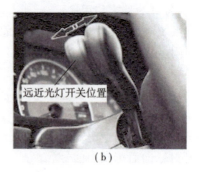
远近光灯开关位置
（b）

图 6 – 24　转向灯开关和远近光灯开关

（a）转向灯开关；（b）远近光灯开关

倒车灯受倒挡开关控制，只要挂入倒挡，倒车灯便会点亮。制动灯受制动开关控制，只要踩下制动踏板制动灯便会点亮，如图 6 – 25 所示。

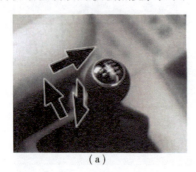
（a）

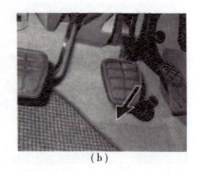
（b）

图 6 – 25　捷达挡位控制

（a）倒车灯开关；（b）制动灯开关

4）电喇叭

电喇叭是汽车上广泛应用的一种喇叭，用来警告行人和其他车辆，以引起注意，保证行车安全。它按结构形式分为筒形、螺旋形和盆形三种，一般多制成螺旋形或盆形，如图 6 – 26 所示。电喇叭的工作原理是利用电磁吸力使金属膜片振动而发出声音。

动画 6 – 10　电喇叭

（a）

（b）

图 6 – 26　电喇叭

（a）盆形电喇叭；（b）螺旋形电喇叭

4. 汽车仪表与报警系统

1）汽车仪表系统

汽车仪表系统的作用：在驾驶室仪表板上安装有各种指示仪表，用以监测发动机的运转状况，使驾驶员能随时观察与掌握汽车各系统的工作状态。

汽车仪表系统主要包括电流表、水温表、燃油表、机油压力表、仪表稳压器、发动机转速表和车速里程表等，如图 6 – 27 所示。

2）汽车报警系统

汽车报警系统的作用：当被监测的系统不正常时，开关自动接通，指示灯发亮，提醒驾驶员注意。报警指示灯种类和用途较多。

汽车报警系统主要包括蓄电池液面过低报警装置、机油压力过低报警装置、冷却液温度过高报警装置、燃油量过少报警装置、制动系统压力过低报警装置、制动灯信号断线报警装置、制动蹄片磨损过量报警装置、制动液面过低报警装置、滤清器堵塞报警装置、车门未关警告灯、驻车制动警告灯、安全带警告灯等，如图 6 – 27 所示。

图 6 – 27 上海 PASSAT B5 组合仪表

1—安全气囊灯；2—危急报警信号灯；3—后雾灯；4—电子防盗灯；5—转向灯（左）；6—远光灯；7—转向灯（右）；8—空位；9—ABS 防抱死灯；10—手制动灯；11—充电灯；12—冷却液液面；13—机油灯；14—后备箱盖指示灯；15—制动摩擦片磨损警告灯；16—车窗洗涤剂存量指示灯；17—燃油存量指示灯；18—预热装置（柴油发动机）显示；19—安全带警告灯

5. 汽车空调系统

汽车空调是利用媒介物质对车内的空气进行调节，使之在温度、湿度、风速和清洁度上能满足人体舒适的需要，并预防或去除玻璃上的雾、霜和冰雪，保障乘员身体健康和行车安全，也就是说汽车空调装置应具备制冷、供暖、通风、净化空气、加湿和除湿等多项功能。

汽车空调由制冷系统、暖风系统、通风系统、加湿和空气净化装置等组成。

在驾驶室内空调由出风口和控制面板两部分组成，如图 6 – 28 所示。

空调按控制方法不同可分为手动空调和自动空调，手动空调与自动空调的控制面板大不相同，如图 6 – 29 所示。

6. 汽车辅助电器装置

汽车辅助电器装置主要包括电动座椅、起动预热装置、前照灯清洗装置、汽车天窗、风窗刮水器、风窗洗涤器、电动车窗、中控门锁、电动后视镜、除霜（雾）装置和安全气囊等，如图 6 – 30 所示。

（1）电动座椅的作用：为驾驶员及乘员提供便于操作及舒适、安全和不易疲劳的驾乘

出风口

控制面板

图6-28 捷达空调系统

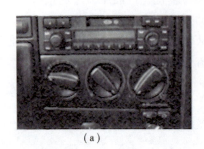 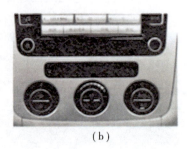

(a)   (b)

图6-29 空调的控制面板

(a)手动空调的控制面板;(b)自动空调的控制面板

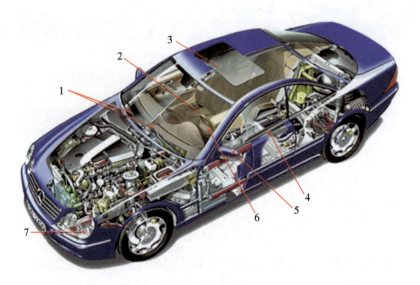

图6-30 汽车的辅助装置

1—刮水器;2—电动座椅;3—天窗;4—电动车窗;5—电动后视镜;
6—安全气囊;7—前照灯清洗装置

位置。

(2)起动预热装置的作用:冬季低温时,保证迅速可靠地起动,设低温起动预热装置,以提高进入气缸的空气温度或发动机缸体的温度。

(3)前照灯清洗装置的作用:在前照灯的下方有一出水口,随时可以清洗前照灯的灰尘及污垢。一般高级一些的车型都具备此功能。

（4）汽车天窗的作用：汽车天窗安装于车顶，能够有效地使车内空气流通，增加新鲜空气的进入，同时汽车天窗也可以开阔视野以及满足移动摄影摄像的拍摄需求。汽车天窗可大致分为外滑式、内藏式、内藏外翻式、全景式和窗帘式等，主要安装于商用 SUV、轿车等车型上。

（5）风窗刮水器及作用：风窗刮水器是用来刮除附着于车辆挡风玻璃上的雨点及灰尘的设备，以改善驾驶人的能见度，提高行车安全。图 6 – 31 所示为风窗刮水器及刮水控制器。

图 6 – 31 风窗刮水器和刮水控制器

动画 6 – 11 识别风窗
刮水器的结构组成

刮水控制器主要由驾驶室的刮水控制器和车辆外部的刮水器组成，一般在汽车组合开关手柄上有刮水器控制旋钮，设有慢速、快速和间歇动作 3 个挡位。手柄顶端是喷水开关，向转向盘方向抬起刮水器开关有洗涤剂喷出，以配合刮水器洗涤挡风玻璃。刮水器操作方法如图 6 – 32 所示。

图 6 – 32 刮水器操作方法

视频 6 – 12 风窗洗涤系统

（6）风窗清洗装置的作用：向风窗玻璃表面喷洒专用洗涤液，与刮水器配合一起工作，清除风窗玻璃表面的灰尘、污物等，保持风窗玻璃表面的清洁。风窗洗涤器的组成如图 6 – 33 所示，主要由储液罐、洗涤泵、输水软管、三通管、喷嘴和刮水开关等组成。

（7）电动车窗的作用：通过车载电源来驱动玻璃升降器电动机，使升降器上下运动，带动车窗玻璃上下运动的装置，以达到车窗自动升降的目的。电动车窗可使驾驶员或者乘员坐在座位上，利用开关使车门玻璃自动升降，操作简便并有利于行车安全，已经成为各个车型车窗设计时的首选，如图 6 – 34 所示。

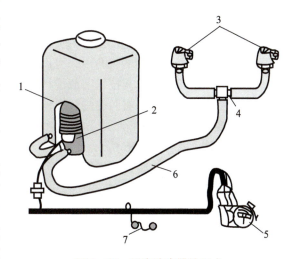

图 6 – 33 风窗洗涤器的组成

1—储液罐；2—洗涤泵；3—喷嘴；4—三通管接头；
5—刮水开关；6—软管；7—熔断器

图 6－34　电动车窗和车窗控制开关

动画 6－13　电动车窗的结构

（8）中控门锁的作用：现代轿车为了使驾驶员及乘员更加方便安全地使用汽车，多数选装了中央集控门锁，如图 6－35 所示。

1）将驾驶员车门锁扣按下时，其他几个车门及后备箱门都能自动锁定；用钥匙锁门，也可同时锁好其他车门和后备箱门。

2）将驾驶员车门锁扣拉起时，其他几个车门及后备箱门都能同时打开；用钥匙开门，也可实现该动作。

3）在车内个别车门需打开时，可分别拉开各自的锁扣。

4）配合防盗系统，实现防盗。

（9）电动后视镜的调节。

后视镜电动调节是指车外两侧的后视镜，在需要调节视角时驾驶员可以不必下车，而在车内通过电动按钮就可以调节。

图 6－35　中控门锁

以前经常可以看到在行车的时候有人伸出手去调节后视镜，这时驾驶员已不能正确观察前方的道路，对安全造成了极大的隐患。而电动调节的后视镜就不会出现这样的情况，在驾驶员需要调节后视镜的视角时，可以通过车内的电动按钮调节，其按钮一般设计在转向盘左侧，可以对左、右两侧的后视镜进行调节。现在大部分轿车都配备了后视镜电动调节功能，如图 6－36 所示。

（10）除霜（雾）装置的作用。

图 6－36　电动后视镜

除霜（雾）装置是用以清除汽车风窗玻璃上的霜和冰雪，以确保驾驶员良好视野的装置，分前窗和后窗除霜（雾）装置。

前窗除霜（雾）装置：大多数汽车前窗除霜（雾）装置是采用暖风装置的热空气吹向玻璃的方法来达到除霜（雾）的目的，它由鼓风机、进出暖风风管、除霜（雾）喷口等组成。除霜（雾）器喷口安装在风窗玻璃的下部，喷口长度应占风窗玻璃半边的 2/3 左右。暖风的进口和车内暖风装置的风管相连，以便直接用暖风将覆盖于风窗玻璃外表面的霜和冰雪融化，消除风窗玻璃内表面的雾气。如图 6－37 所示，上面的扇形开关是前风窗玻璃除霜（雾）的开关。

后窗除霜（雾）装置：向风窗玻璃上吹热空气的除霜方法需较长的时间，且不能快速将整个风窗玻璃上的冰雪融化，故一般汽车采用热电式除霜（雾）装置。热电式除霜（雾）装置是把电阻丝直接加工制造在玻璃层内，即用肉眼看见的那几道红线，利用汽车本身的电流加热电阻丝，达到除霜目的，但线条印在玻璃上会影响视线，因此，

图 6-37 前后风窗玻璃除霜（雾）的开关

这种方法仅用于后窗。如图 6-37 所示，下面的开关是后风窗玻璃加热除霜（雾）开关。

（11）安全气囊的作用。

安全气囊的功能是配合安全带，在车辆发生碰撞事故时减轻乘员的伤害程度，避免乘员发生二次碰撞，或防止车辆在发生翻滚等危险情况下被抛离座位。如果发生碰撞，充气系统可在不到 1/10 s 的时间内迅速充气，气囊在膨胀时将冲出转向盘或仪表盘，从而使车内人员免受正向碰撞所产生作用力的冲击，大约在 1 s 后，气囊就会收缩（气囊上有许多小孔），因此不会妨碍车内人员的行动。

动画 6-14 安全气囊

根据车型及车辆配置不同，车辆上安全气囊的安装数量不同。一般轿车至少安装 1~2 个安全气囊，气囊安装在转向盘及副驾驶前方的仪表板上。一般在装有安全气囊的位置都标有 AIRBAG（或 SRS）字样标识，如图 6-38 所示。

图 6-38 安全气囊标识

对于较高配置的豪华轿车来说，为了提高轿车的安全性能，一般都装有多个气囊，如图 6-39 所示。

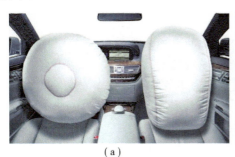 

（a） （b）

图 6-39 双气囊和多气囊

（a）双气囊；（b）多气囊

三、任务实施

（一）任务实施环境

器材及工具准备：
（1）实训车辆；
（2）电气系统实训台。

（二）任务实施流程

（1）在实训车辆上查找各电气系统的安装位置。
（2）在电气系统实训台上查看各汽车电气系统的组成。

（三）任务实施步骤

（1）在实训车辆上查找电源系统、起动系统、照明与信号系统、仪表与报警系统、空调系统及其他辅助用电设备的位置。
（2）在实训工单上写出各个电气系统的作用。
（3）在电气系统实训台上查看电源系统、起动系统、照明与信号系统、仪表与报警系统、空调系统及其他辅助用电设备的组成。

四、拓展知识

自动泊车系统

自动泊车系统就是不用人工干预，自动停车入位的系统。这套系统在国外并不罕见，目前国内有大众途安、帕萨特、帕萨特cc、斯柯达昊锐，丰田皇冠，以及奔驰、宝马、雷克萨斯LS等车型配备。

自动泊车系统可以使汽车自动地以正确的停靠位泊车，该系统包括环境数据采集系统、中央处理器和车辆策略控制系统，所述的环境数据采集系统包括图像采集系统和车载距离探测系统，如图6-40所示。

1. 定义

自动泊车系统可采集图像数据及周围物体距车身的距离数据，并通过数据线传输给中央处理器；中央处理器将采集到的数据进行分析处理后，得出汽车的当前位置、目标位置以及周围的环境参数，依据上述参数作出自动泊车策略，并将其转换成电信号；车辆策略控制系统接收电信号后，依据指令做出汽车的行驶如角度、方向及动力支援方面的操控。

2. 原理

其原理是：遍布车辆周围的雷达探头测量自身与周围物体之间的距离和角度，然后通过车载电脑计算出操作流程，配合车速调整转向盘的转动，驾驶者只需要控制车速即可。

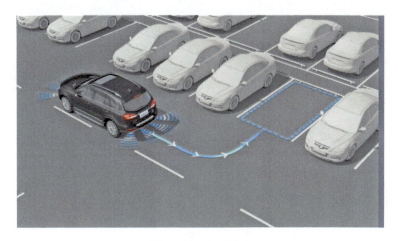

图6-40 自动泊车

在未来几年，越来越多的高档进口车会将该配置列为标配，甚至出现在国产车上也不用惊讶，因为这套系统并不复杂。

3. 开发背景

对于许多驾驶员而言，顺列式驻车是一种痛苦的经历，大城市停车空间有限，将汽车驶入狭小的空间已成为一项必备技能，很少有不费一番周折就停好车的情况，停车可能导致交通阻塞、神经疲惫及交通事故。幸运的是，技术的发展为之提供了解决之道，这就是自动泊车功能。设想一下，您找到了一个理想的停车地点，不必再来回折腾，而只需轻轻启动按钮、坐定、放松，其他一切即可自动完成。自动泊车技术同样适用于主动避撞系统，并最终实现汽车的自动驾驶。

 项目总结

（1）汽车电路基础元件主要包括导线、电路保护装置、插接器、各种开关和继电器等。

（2）汽车电路基础元件的功用、结构与工作原理。

（3）汽车电气设备由电源和用电设备两大部分组成。电源系统包括蓄电池和发电机及调节器。用电设备包括发动机的起动系统、汽油机的点火系统、照明与信号系统、仪表与报警系统、空调系统及其他辅助用电设备。

（4）汽车电气各系统的功用、结构与工作原理。

项目七
汽车车身
结构认知

概述

车身指的是车辆用来载人装货的部分，也指车辆整体。有的车辆的车身既是驾驶员的工作场所，又是容纳乘客和货物的场所。车身造型结构是车辆的形体语言，其设计好坏将直接影响到车辆的性能。

在本项目中我们主要针对汽车车身结构的认知这个任务展开学习。

学习要求

知识目标	能力目标	权重
掌握汽车车身的功用、结构与类型	能认识各种形式的车身	100%

任务一 汽车车身结构的认知

一、情境描述

在4S店里有一辆车，因为大风把车旁边树刮倒，砸到了车身，车身严重变形，需要进行维修。作为维修技工，想要完成这个任务，首先要掌握汽车车身结构的相关知识。

二、相关知识

（一）汽车车身的主要作用

汽车车身的主要作用是保证驾驶员便于操纵，为驾驶员、乘客提供舒适的乘坐环境或安全地容纳货物，并保护其免受风、沙、雨、雪的侵袭及恶劣气候的影响。

（二）车身的类型

1. 汽车按结构形式不同分

汽车按结构形式不同分可分为承载式车身和非承载式车身两种，一般轿车多为承载式车身，如图7-1所示。

（a）　　　　　　　　　　　　（b）

图7-1　车身按结构形式分类
（a）承载式车身；（b）非承载式车身

视频7-1　承载式 VS
非承载式车身

2. 承载式车身按车身的功能分

承载式车身按车身的三个功能构件——发动机室、乘客室、后备箱来分可分为三厢式汽车和两厢式汽车，如图7-2所示。

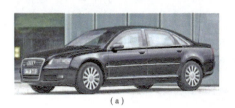
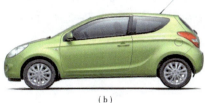

图7-2 三厢式与两厢式汽车

(a) 三厢式汽车；(b) 两厢式汽车

视频7-2 两厢车和三厢车的区别

（三）承载式车身的组成

承载式车身主要由车身框架和车身覆盖件两部分组成，如图7-3所示。

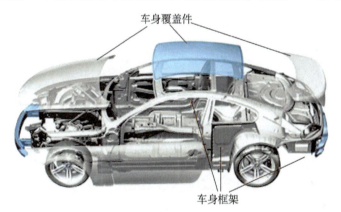

车身覆盖件

车身框架

图7-3 承载式车身的组成

1. 车身框架

车身框架主要由侧门框部件、底板部件、前围外板和后围外板等组成。侧门框部件对车辆的整体布置、安全及驾乘舒适性问题起到重大作用，主要由前立柱（A柱）、中立柱（B柱）和后立柱（C柱）组成，如图7-4所示。

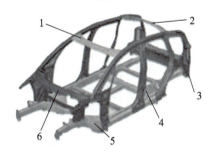
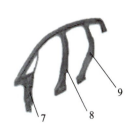

图7-4 车身框架及侧门框组成

1—前风窗上部；2—后风窗上部；3—后围外板；4—侧门框部件；
5—底板部件；6—前围外板；7—前立柱；8—中立柱；9—后立柱

2. 车身覆盖件

车身覆盖件安装在车身框架上，从而使汽车成为一个完整的车辆。

汽车车身覆盖件主要由发动机罩、顶盖、后备箱盖、前后翼子板、前后车门、地板、前围、挡泥板和前纵梁等组成，如图 7-5 所示。

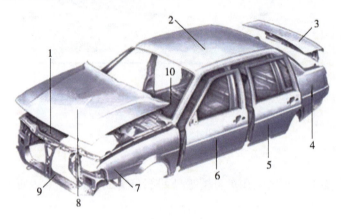

图 7-5　桑塔纳轿车车身总成

1—挡泥板和前纵梁；2—顶盖；3—后备箱盖；4—后翼子板；5—后车门；

6—前车门；7—前翼子板；8—发动机罩；9—前围；10—地板

（四）车身附件的认知

1. 车辆外部附件的认知

1）汽车的前后风窗

汽车的前后风窗通常采用有利于视野而又美观的曲面玻璃，汽车的前、后风窗又称风挡玻璃，如图 7-6 所示。

（a）　　　　　　　　　　　（b）

图 7-6　前风窗和后风窗

（a）前风窗；（b）后风窗

2）汽车的侧窗和天窗

汽车侧窗作为侧围的重要组成部分是整车必不可少的总成之一，它与提高乘客舒适性、扩大乘客视野、增加车内透明度、加强车内自然通风等密不可分，如图 7-7 所示。

汽车天窗安装于车顶，能够有效地使车内空气流通，增加新鲜空气的进入，为车主带来健康、舒适的享受。同时汽车车窗也可以开阔视野，常用于移动摄影的拍摄需求，如图 7-7 所示。

3）后视镜和车身外饰

汽车后视镜位于汽车头部的左右两侧，以及汽车内部的前方。汽车后视镜反映汽车后方、侧方和下方的情况，使驾驶者可以间接看清楚这些位置的情况，它起着"第二只眼睛"的作用，扩大了驾驶者的视野范围，如图 7-8 所示。

（a）

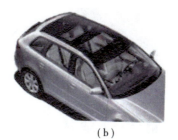
（b）

图7-7　侧窗和天窗

（a）侧窗；（b）天窗

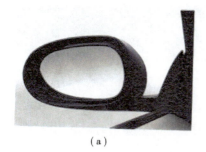
（a）

（b）

图7-8　后视镜和车身外饰

（a）后视镜；（b）改装后的捷达保险杠

视频7-3　正确的汽
车后视镜调节方法

2. 车辆内部附件的认知

车身内部附件设备有座椅、仪表台总成、中央后视镜、安全带、遮阳板、烟灰缸及点烟器等，如图7-9所示。

图7-9　车内附件组成

1—仪表台总成；2—座椅

动画7-4　电动座椅

座椅也是车身内部的重要装置之一。座椅的作用是支撑人体，使驾驶操作方便和乘坐舒适。座椅主要由靠背、坐垫、头枕、调整按钮或手柄和滑动轨道等部分组成，如图7-10所示。

仪表台总成是汽车空调、收音机、中央控制面板、仪表、点烟器及烟灰缸等装置的载体，这些部件都被安装固定在仪表台总成上，如图7-11所示。

中央后视镜的主要作用是帮助驾驶员查看车辆后方的道路情况及有无车辆等，如图7-12所示。

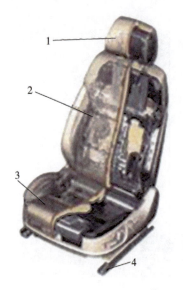

图7-10　座椅的组成

1—头枕；2—靠背；3—坐垫；4—滑道

图7-11　仪表台总成

　　汽车安全带是车辆主动安全的主要部件，即在汽车车身受到猛烈撞击时起到固定乘客及驾驶员及消除速度急剧下降时产生的惯性力的作用，如图7-12所示。

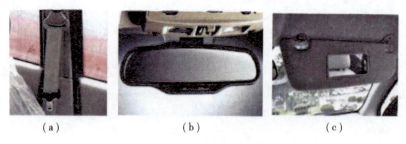

（a）　　　　　　　　　（b）　　　　　　　　　（c）

图7-12　安全带、中央后视镜和遮阳板

（a）安全带；（b）中央后视镜；（c）遮阳板

三、任务实施

（一）任务实施环境

器材及工具准备：

（1）实训车辆；

（2）汽车车身实训台；

（二）任务实施流程

（1）在实训车辆上查找汽车车身附件的安装位置。

（2）在汽车车身实训台上查看汽车车身附件的结构。

（三）任务实施步骤

（1）通过实训车辆，查看车身的结构、类型。

（2）在实训车辆上查找汽车车身附件的安装位置。

（3）在汽车车身实训台上查看汽车车身附件的结构。

四、拓展知识

汽车美容

1. 定义

汽车美容是指针对汽车各部位不同材质所需的保养条件，采用不同汽车美容护理用品及施工工艺，对汽车进行保养和护理。"汽车美容"源于西方发达国家，英文名称表示为"Car Care"，如图 7-13 所示。

图 7-13　汽车美容

由于汽车工业的发展、社会消费时尚的流行，以及人们对事物猎奇、追求新异思想的影响，这些国家的新车款式更新换代速度非常快，追新族们为得到新车而又不愿旧车贬值，因而在汽车消费与二手车市场之间，汽车美容装饰业也就应运而生。换句话说，汽车美容是工业经济高速发展、消费观念进步以及汽车文化日益深入人心的必然产物。

2. 美容流程

1）洗车

洗车目前一般可分为精洗和普通洗车，看似简单的洗车，也可以分为以下步骤：车身内部检查和清洁→清水淋洗车身外部→车身外部清洗→车身漆面深度清洁→车身干燥→玻璃清洗→脚垫和地毯预处理→车内内饰清洗→轮胎上光→车身表面上光。

2）砂纸研磨

通过判断油漆的硬度和漆面缺陷的严重程度，选用（P1500/P2000）水砂纸或者（P1000/P3000）金字塔砂纸研磨漆面划痕处，砂纸主要用于去除橘皮、斑点、垂流、针眼、轻微划痕等缺陷，砂纸研磨时应均匀用力，一般研磨后的漆面呈哑光，同时应注意边角部、带筋的部位和橘皮轻的部位，该类部位由于本身漆面的厚度较薄，容易磨穿漆面，故应适当减轻研磨力度。需要特别注意的是，研磨时，不要磨到装饰条、密封条、镀铬条、门把手等部位，以免造成不必要的损伤，必要时可以用遮蔽胶带将以上部位进行保护。

3）抛光

选择旋转式抛光机配合白色或者橙色海绵盘，采用 1 500 ~ 2 000 r/min 的速度，配合研磨蜡做粗抛处理。初始研磨时，研磨粗蜡的效果最好，应用中等偏上压力施工，后适当放松，采用中等压力施工。切勿一味追求速度，盲目地增加转速，转速过高极易造成漆面抛穿，对漆面造成不可逆转的损伤。

研磨粗蜡步骤结束后，使用镜面蜡配合黑色海绵盘，采用 1 500 ~ 2 000 r/min 的速度对上一步骤残留的圈纹和细小瑕疵进行处理，以恢复漆面原有光泽。

近几年国外兴起一种新的漆面抛光设备，即双向震抛机，相对于旋转式抛光机而言，切削力略低，但效果更佳，同时可以有效地避免漆面抛穿情况的发生；技术简单易学，适用于高端车及对漆面效果要求较高的门店采用。

抛光时抛光机要平衡运行，倾斜度不宜过大，否则易导致局部热量过大，造成漆面的"烧穿"；对于美容施工而言，应选取合适的海绵盘，尽量避免羊毛盘的使用，因为羊毛盘切削力过大，容易造成漆面的抛穿和新的圈纹的产生；抛光时要及时清理抛光盘上的污垢，以免污垢颗粒的存在造成漆面不必要的损伤。

4）漆面保护

漆面保护，从目前市场而言，从低到高有以下几种方式，如打蜡、封釉、镀膜、镀晶等，具体的性能可以参照表 7 - 1。

表 7 - 1 漆面性能

漆面保护方式	光泽度	疏水性	抗酸碱	抗紫外	成膜硬度	易清洁性	施工工艺	持久性
打蜡	良好	良好	一般	一般	无	无	简单	一般
封釉	优	良好	良好	良好	无	无	一般	良好
镀膜	优	良好	优	优	无	无	一般	良好
镀晶	优	优	优	优	高	无	复杂	良好

 项目总结

（1）汽车按结构形式不同分可分为承载式车身和非承载式车身两种，一般轿车多为承载式车身。

（2）承载式车身按车身三个功能构件——发动机室、乘客室、后备箱来分，可分为三厢式汽车和两厢式汽车。

（3）承载式车身主要由车身框架和车身覆盖件两部分组成。

（4）车身内部附件和外部附件的认知。

参 考 文 献

[1] 陈家瑞. 汽车构造 [M]. 北京：机械工业出版社，2004.

[2] 李穗平. 汽车结构认识与拆装 [M]. 重庆：重庆大学出版社，2012.

[3] 杜瑞丰. 汽车底盘构造与维修 [M]. 北京：高等教育出版社，2007.

[4] 杨秀虹. 现代轿车构造与检测——底盘及车身 [M]. 北京：国防工业出版社，2002.

[5] 许林. 整车结构图解与使用维修 [M]. 北京：兵器工业出版社，1998.

[6] 朱军. 汽车维护理实一体化教材 [M]. 北京：人民交通出版社，2011.

[7] 关文达. 汽车构造 [M]. 第2版. 北京：清华大学出版社，2009.

[8] 白红村. 汽车底盘构造与维修 [M]. 北京：北京大学出版社，2011.

[9] 李育锡. 汽车概论 [M]. 北京：机械工业出版社，2011.

[10] 杨志红，廖兵. 汽车电器 [M]. 北京：机械工业出版社，2014.

[11] 包丕利，邢艳云，温立志. 汽车文化 [M]. 北京：清华大学出版社，2014.

[12] 陆松波. 汽车认识 [M]. 广州：华南理工大学出版社，2009.

汽车整车结构认知

（第2版）

学习工单

北京理工大学出版社

BEIJING INSTITUTE OF TECHNOLOGY PRESS

项目 一

汽车初步认知

学习工单 1-1

姓　名		班级		学时		成绩	
日　期				指导教师签字			
任务名称			汽车的发展史				
能力目标		1. 能掌握世界汽车发展进程。 2. 能掌握中国汽车发展史					
信息获取		实训车辆的型号：＿＿＿＿＿＿					

一、操作准备

1. 工具仪器的准备。
2. 技术资料的准备

二、操作过程

1. 世界汽车发展进程。

2. 中国汽车发展史

三、过程考核	工具设备的使用	A	B	C	D
	项目工单的填写	A	B	C	D
	回答现场提问	A	B	C	D

学习工单 1-2

姓　名		班级		学时		成绩	
日　期			指导教师签字				
任务名称			汽车企业的介绍				
能力目标		1. 能了解各国汽车企业文化。 2. 能识别常见车标					
信息获取							

一、操作准备

1. 工具仪器的准备。
2. 技术资料的准备

二、操作过程

1. 各国汽车企业文化。

2. 常见车标

三、过程考核	工具设备的使用	A	B	C	D
	项目工单的填写	A	B	C	D
	回答现场提问	A	B	C	D

学习工单 1－3

姓　　名		班级		学时		成绩	
日　　期			指导教师签字				
任务名称			汽车组成的认知				
能力目标		1. 能掌握汽车的组成部分。 2. 能掌握汽车各组成部分的作用					
信息获取		实训车辆的型号：_____					

一、操作准备

1. 工具仪器的准备。
2. 技术资料的准备

二、操作过程

1. 在实训车辆上找到汽车的各个组成部分。

2. 汽车各组成部分的作用

三、过程考核	工具设备的使用	A	B	C	D
	项目工单的填写	A	B	C	D
	回答现场提问	A	B	C	D

学习工单 1-4

姓　　名		班级		学时		成绩	
日　　期			指导教师签字				
任务名称			汽车类型的认知				
能力目标	1. 能了解汽车类型。 2. 能够对汽车进行分类						
信息获取	实训车辆的型号：＿＿＿＿＿						

一、操作准备

1. 工具仪器的准备。
2. 技术资料的准备

二、操作过程

1. 在实训车间对车辆进行分类。

2. 列举汽车的类型

	工具设备的使用	A	B	C	D
三、过程考核	项目工单的填写	A	B	C	D
	回答现场提问	A	B	C	D

学习工单 1-5

姓　　名		班级		学时		成绩	
日　　期			指导教师签字				
任务名称		汽车的基本参数和识别代号					
能力目标		1. 了解汽车的主要技术参数和性能指标。 2. 能正确识别 VIN 码的位置与意义					
信息获取		实训车辆的型号：_____					

一、操作准备

1. 工具仪器的准备。
2. 技术资料的准备

二、操作过程

1. 在实训车辆上查找汽车的主要技术参数和性能指标。

2. 在实训车辆上识别 VIN 码的位置与意义

三、过程考核	工具设备的使用	A	B	C	D
	项目工单的填写	A	B	C	D
	回答现场提问	A	B	C	D

项目二

汽车维修安全作业

学习工单 2-1

姓　　名		班级		学时		成绩	
日　　期			指导教师签字				
任务名称		汽车维修安全的内容与标志					
能力目标		1. 能熟知汽车维修安全常识。 2. 能正确认识汽车维修安全的标志					
信息获取		实训车辆的型号：_____					

一、操作准备

1. 工具仪器的准备。
2. 技术资料的准备

二、操作过程

1. 汽车维修安全常识。

2. 汽车维修安全的标志

三、过程考核	工具设备的使用	A	B	C	D
	项目工单的填写	A	B	C	D
	回答现场提问	A	B	C	D

学习工单 2 - 2

姓 名		班级		学时		成绩	
日 期			指导教师签字				
任务名称	汽车维修作业中的不安全因素及防范措施						
能力目标	1. 能掌握汽车维修作业中的不安全因素。 2. 能正确处理突发事故						
信息获取	实训车辆的型号：_____						

一、操作准备

1. 工具仪器的准备。
2. 技术资料的准备

二、操作过程

1. 汽车维修作业中的不安全因素。

2. 汽车维修生产中的安全措施

三、过程考核	工具设备的使用	A	B	C	D
	项目工单的填写	A	B	C	D
	回答现场提问	A	B	C	D

学习工单 2 – 3

姓　名		班级		学时		成绩	
日　期			指导教师签字				
任务名称	汽车维修中的 5S 管理						
能力目标	1. 能掌握汽车维修中的 5S 管理。 2. 能按照 5S 管理进行汽车维修作业						
信息获取	实训车辆的型号：_____						

一、操作准备

1. 工具仪器的准备。
2. 技术资料的准备

二、操作过程

1. 汽车维修中 5S 管理的内容。

2. 汽车维修中 5S 管理的实施

三、过程考核	工具设备的使用	A	B	C	D
	项目工单的填写	A	B	C	D
	回答现场提问	A	B	C	D

项 目 三

汽车常用工量具和设备的使用

学习工单 3-1

姓　　名		班级		学时		成绩	
日　　期			指导教师签字				
任务名称		汽车常用工具的使用					
能力目标		1. 能选择合适的工具进行实训操作。 2. 能熟练使用汽车常用工具					
信息获取		实训车辆的型号：_____					

一、操作准备

1. 工具仪器的准备。
2. 技术资料的准备

二、操作过程

1. 通过实训车辆的故障选择合适的工具。
(1) 各种扳手。

(2) 各种钳子。

(3) 各种螺丝刀。

2. 能熟练使用各种扳手、钳子和螺丝刀进行相关的实训操作

	工具设备的使用	A	B	C	D
三、过程考核	项目工单的填写	A	B	C	D
	回答现场提问	A	B	C	D

学习工单 3－2

姓　　名		班级		学时		成绩	
日　　期			指导教师签字				
任务名称		汽车常用量具的使用					
能力目标		1. 能选择合适的量具进行实训操作。 2. 能熟练使用汽车常用的各种量具					
信息获取		实训车辆的型号：＿＿＿＿＿＿					

一、操作准备

1. 量具仪器的准备。
2. 技术资料的准备

二、操作过程

1. 通过实训车辆的故障选择合适的量具。
（1）游标卡尺。

（2）外径千分尺。

（3）百分表。

（4）量缸表。

（5）卡规。

（6）厚薄规。

2. 能熟练使用游标卡尺、外径千分尺、百分表、量缸表、卡规和厚薄规进行相关的实训操作

	工具设备的使用	A	B	C	D
三、过程考核	项目工单的填写	A	B	C	D
	回答现场提问	A	B	C	D

学习工单 3 – 3

姓　　名		班级		学时		成绩	
日　　期			指导教师签字				
任务名称			汽车常用设备的使用				
能力目标		1. 能选择合适的仪表设备进行实训操作。 2. 能熟练使用汽车常用仪表设备					
信息获取		实训车辆的型号：_____					

一、操作准备

1. 仪器设备的准备。
2. 技术资料的准备

二、操作过程

1. 通过实训车辆的故障选择合适的仪表设备。

（1）数字万用表。

（2）测电笔。

（3）汽车故障诊断仪。

（4）探测仪。

（5）红外测温仪。

（6）钳形表。

（7）电压调节器。

（8）电烙铁。

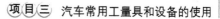

续表

二、操作过程					
（9）千斤顶。					
（10）举升机。					
2. 能熟练使用各仪表设备进行相关的实训操作					
三、过程考核	工具设备的使用	A	B	C	D
	项目工单的填写	A	B	C	D
	回答现场提问	A	B	C	D

项 目 四

汽车发动机系统认知

学习工单 4-1

姓　　名		班级		学时		成绩	
日　　期			指导教师签字				
任务名称		汽车发动机构造机械系统的认知					
能力目标		1. 能了解发动机的各部分构造。 2. 能识别发动机各部分在汽车上的位置					
信息获取		实训车辆的型号：_____					

一、操作准备

1. 工具仪器的准备。
2. 技术资料的准备

二、操作过程

1. 对照发动机台架查看发动机的各组成部分。

2. 对照发动机解剖台架查看内部结构

	工具设备的使用	A	B	C	D
三、过程考核	项目工单的填写	A	B	C	D
	回答现场提问	A	B	C	D

学习工单 4−2

姓　　名		班级		学时		成绩	
日　　期			指导教师签字				
任务名称		汽车发动机电控系统的认知					
能力目标		1. 了解发动机电子控制系统总体组成。 2. 区分与识别发动机电子控制系统的主要传感器和执行器。 3. 了解发动机电子控制系统的工作原理					
信息获取		实训车辆的型号：＿＿＿＿＿＿					

一、操作准备

1. 工具仪器的准备。
2. 技术资料的准备

二、操作过程

对照电控发动机台架查看发动机电控系统的各组成部分

三、过程考核	工具设备的使用	A	B	C	D
	项目工单的填写	A	B	C	D
	回答现场提问	A	B	C	D

项 目 五

汽车底盘系统认知

学习工单 5 – 1

姓　　名		班级		学时		成绩	
日　　期			指导教师签字				
任务名称		汽车底盘机械系统的认知					
能力目标		1. 能在实车上找到汽车底盘机械系统各组成的位置。 2. 能拆装简单的汽车底盘总成系统					
信息获取		实训车辆的型号：＿＿＿＿＿＿＿					

一、操作准备

1. 工具仪器的准备。
2. 技术资料的准备

二、操作过程

1. 在实训车辆上查找各元件的位置。
（1）变速器。

（2）主减速器与差速器。

（3）悬架。

（4）减震器。

（5）转向器。

（6）行车制动器。

（7）驻车制动器。

二、操作过程					
2. 能拆装汽车盘式制动器					
三、过程考核	工具设备的使用	A	B	C	D
	项目工单的填写	A	B	C	D
	回答现场提问	A	B	C	D

学习工单 5－2

姓　　名		班级		学时		成绩	
日　　期		指导教师签字					
任务名称	汽车底盘机械系统的认知						
能力目标	1. 能在实车上找到汽车底盘电控系统各组成的位置。 2. 连接诊断仪读取底盘电控系统的故障码						
信息获取	实训车辆的型号：＿＿＿＿＿						

一、操作准备

1. 工具仪器的准备。
2. 技术资料的准备

二、操作过程

1. 在实训车辆上查找各元件的位置。

（1）自动变速器。

（2）自动变速器挡位显示。

（3）电控悬架。

（4）电动助力转向系统。

（5）ABS 系统。

（6）轮速传感器。

（7）电动驻车制动系统。

续表

二、操作过程					
2. 能连接诊断仪读取底盘电控系统的故障码					
三、过程考核	工具设备的使用	A	B	C	D
	项目工单的填写	A	B	C	D
	回答现场提问	A	B	C	D

项目六

汽车电气系统认知

学习工单 6−1

姓　　名		班级		学时		成绩	
日　　期			指导教师签字				
任务名称		汽车电路基础元件的认知					
能力目标		1. 能在实车上找到汽车电路各元件的位置。 2. 能拆装汽车电路各元件					
信息获取		实训车辆的型号：＿＿＿＿＿＿					

一、操作准备

1. 工具仪器的准备。
2. 技术资料的准备

二、操作过程

1. 在实训车辆上查找各元件的位置。
（1）导线的位置。

（2）熔断器的位置。

（3）易熔线的位置。

（4）断路器的位置。

（5）插接器的位置。

（6）各种开关的位置。

（7）继电器的位置。

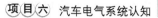

续表

二、操作过程					
2. 能拆装汽车电路各元件					
三、过程考核	工具设备的使用	A	B	C	D
	项目工单的填写	A	B	C	D
	回答现场提问	A	B	C	D

学习工单 6-2

姓　　名		班级		学时		成绩	
日　　期				指导教师签字			
任务名称			汽车电气系统的认知				
能力目标		1. 能在实车上找到汽车电气各系统的位置。 2. 能拆装汽车电气系统各组成部分					
信息获取		实训车辆的型号：_____					

一、操作准备

1. 工具仪器的准备。
2. 技术资料的准备

二、操作过程

1. 在实训车辆上查找汽车电气系统各组成部分的位置。
（1）电源系统的位置。

（2）起动系统的位置。

（3）点火系统的位置。

（4）照明与信号系统的位置。

（5）空调系统的位置。

（6）各种辅助用电设备的位置。

二、操作过程					
2. 能拆装汽车电气系统各组成部分					
三、过程考核	工具设备的使用	A	B	C	D
	项目工单的填写	A	B	C	D
	回答现场提问	A	B	C	D

项目七

汽车车身结构认知

学习工单 7-1

姓　名		班级		学时		成绩	
日　期			指导教师签字				
任务名称		汽车车身结构的认知					
能力目标		1. 能在实车上找到汽车车身各组成部分的位置。 2. 能拆装汽车车身各组成部分					
信息获取		实训车辆的型号：_____					

一、操作准备

1. 工具仪器的准备。
2. 技术资料的准备

二、操作过程

1. 在实训车辆上查找车身各组成部分的位置。
（1）车身框架的位置。

（2）车身覆盖件的位置。

（3）汽车前后风窗的位置。

（4）汽车侧窗和天窗的位置。

（5）后视镜和车身外饰的位置。

（6）座椅的位置。

（7）仪表台总成的位置。

二、操作过程					
（8）中央后视镜、安全带、遮阳板、烟灰缸及点烟器的位置。 2. 能拆装汽车车身各组成部分					
三、过程考核	工具设备的使用	A	B	C	D
	项目工单的填写	A	B	C	D
	回答现场提问	A	B	C	D